国家电网有限公司
STATE GRID
CORPORATION OF CHINA

(2023年版)

电网生产技术改造与设备大修项目
典型造价汇编

配电技改检修分册

国家电网有限公司设备管理部　组编

中国电力出版社
CHINA ELECTRIC POWER PRESS

内 容 提 要

本书为《电网生产技术改造与设备大修项目典型造价汇编（2023年版） 配电技改检修分册》，共分为两部分：第一部分为配电（技改）专业，第二部分为配电（检修）专业。两部分均分为三篇，其中，第一篇为总论，包括概述、编制过程、总说明；第二篇为典型方案造价，包含方案概况、主要技术条件、估算费用、电气设备材料和工程量等内容；第三篇为使用说明。

本书可供电网生产技术改造与设备大修项目管理相关人员、项目评审单位参考使用，也可供从事电力行业规划、设计、建设、运维等相关工作的专业技术人员学习使用。

图书在版编目（CIP）数据

电网生产技术改造与设备大修项目典型造价汇编：2023年版. 配电技改检修分册 / 国家电网有限公司设备管理部组编. —北京：中国电力出版社，2023.12
ISBN 978-7-5198-8525-0

Ⅰ．①电… Ⅱ．①国… Ⅲ．①电网–技改工程–工程造价–中国②配电系统–检修–技改工程–工程造价–中国 Ⅳ．①F426.61

中国国家版本馆 CIP 数据核字（2023）第 248707 号

出版发行：中国电力出版社
地　　址：北京市东城区北京站西街 19 号（邮政编码 100005）
网　　址：http://www.cepp.sgcc.com.cn
责任编辑：刘子婷（010-63412785）
责任校对：黄　蓓　朱丽芳
装帧设计：张俊霞
责任印制：石　雷

印　　刷：三河市万龙印装有限公司
版　　次：2023 年 12 月第一版
印　　次：2023 年 12 月北京第一次印刷
开　　本：787 毫米×1092 毫米　16 开本
印　　张：12.75
字　　数：272 千字
印　　数：0001—1000 册
定　　价：56.00 元

版 权 专 有　侵 权 必 究

本书如有印装质量问题，我社营销中心负责退换

电网生产技术改造与设备大修项目典型造价汇编（2023年版）
配电技改检修分册

编 委 会

主　　编　　吕　军
副 主 编　　周宏宇　张贺军
编　　委　　刘　昊　李培栋　郑　燕　曾　军　张　凯　吴　强
　　　　　　梁　瑜　李景华　吴化君　王国功　杜　平　杨本渤
　　　　　　项　薇

编 写 组

成　　员　　李　瞳　张　恒　王艳芹　吕　琦　冯婷婷　袁　亚
　　　　　　董　祯　梁可道　成　为　王梅宝　刘方舟　周子毓
　　　　　　杨蕴华　王　勇　徐　宁　刘　超　张　琦　刘　捷
　　　　　　王　嫣　马　昊　贾冬明　向　军　丁　亮　彭祖涛
　　　　　　向　荣　李　标　饶建强　朱银磊　吴福平

前言

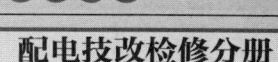

电网生产技术改造与设备大修项目（简称项目）规范化管理是落实国家电网有限公司（简称国家电网公司）资产全寿命周期管理提升行动，推动构建现代设备管理体系的重要手段。近年来，随着电力体制改革不断深化，电网运行安全、质量和效益管理要求不断提升，对项目精益管理水平提出更高要求。

为进一步提升项目规范化管理水平及造价计列精准性，2021年始，国家电网公司组织有关单位，依据国家最新定额标准，结合项目管理实际，在充分调研、精心比选、反复论证的基础上，历时近2年时间，修编完成《电网生产技术改造与设备大修项目典型造价汇编（2023年版）》丛书（简称《2023年版典型造价》）。《2023年版典型造价》汲取了以往电网工程典型造价的编制经验，并充分考虑当前项目立项、实施、结算等环节管理特点，以单项工程为计价单元，优化提炼出具有代表性的典型方案，按照设计规程规范、建设标准和现行的估算编制依据，编制形成典型造价。

《2023年版典型造价》共6册，分别为《变电技改分册》《变电检修分册》《输电技改分册》《输电检修分册》《配电技改检修分册》《通信/继电保护/自动化技改检修分册》。涵盖变电、输电、配电、继电保护、自动化、通信6个专业，覆盖0.4~500kV电压等级，涉及30类设备、341个典型项目方案，方案包含方案概况、主要技术条件、估算费用、电气设备材料和工程量等内容。

《2023年版典型造价》在编写过程中得到了电力设备运维人员、管理人员、电力工程设计人员、施工人员等的大力支持，在此表示感谢。

因时间关系，书中难免有疏漏之处，敬请各位读者批评指正。

电网生产技术改造与设备大修项目

典型造价编制工作组

2023年7月

目录

前言

第一部分　配电（技改）专业

第一篇　总论 ··· 2

第1章　概述 ··· 2
第2章　典型造价编制过程 ··· 3
第3章　典型造价总说明 ··· 4
　3.1　典型方案形成过程 ··· 4
　3.2　典型造价编制依据 ··· 4
　3.3　典型造价编制相关说明 ··· 5
　3.4　典型造价编码规则 ··· 5
　3.5　典型造价一览表 ·· 6

第二篇　典型方案造价 ·· 9

第4章　更换配电室变压器 ··· 9
　4.1　C1-1　更换10kV干式800kVA变压器（配电室） ································· 9
　4.2　C1-2　更换10kV油浸式630kVA变压器（配电室） ······························ 14
第5章　更换箱式变压器 ·· 19
　5.1　C1-3　更换10kV箱式630kVA变压器 ·· 19
第6章　更换柱上变压器 ·· 25
　6.1　C1-4　更换10kV柱上400kVA变压器 ·· 25
　6.2　C1-5　更换10kV柱上200kVA变压器 ·· 29

第7章 更换高压开关柜 33
7.1 C2-1 更换高压开关柜 33

第8章 更换低压开关柜 39
8.1 C3-1 更换低压开关柜 39

第9章 更换配电自动化终端 44
9.1 C4-1 更换DTU柜 44
9.2 C4-2 更换TTU 48
9.3 C4-3 更换FTU 52
9.4 C4-4 更换故障指示器 55

第10章 更换直流屏 59
10.1 C5-1 更换直流屏 59

第11章 更换环网箱 64
11.1 C6-1 更换二进四出环网箱 64

第12章 更换10kV架空线 70
12.1 C7-1 更换钢芯铝绞线（120mm²） 70
12.2 C7-2 更换钢芯铝绞线（240mm²） 73
12.3 C7-3 更换绝缘钢芯铝绞线（120mm²） 77
12.4 C7-4 更换绝缘钢芯铝绞线（240mm²） 80

第13章 更换10kV杆塔 84
13.1 C8-1 更换10kV水泥杆（10m） 84
13.2 C8-2 更换10kV水泥杆（12m） 89
13.3 C8-3 更换10kV水泥杆（15m） 93
13.4 C8-4 更换10kV钢管杆（13m） 98

第14章 更换拉线 103
14.1 C9-1 更换拉线 103

第15章 更换0.4kV配电箱 107
15.1 C10-1 更换200kVA低压综合配电箱（JP柜） 107
15.2 C10-2 更换400kVA低压综合配电箱（JP柜） 110

第16章 更换10kV柱上断路器 114
16.1 C11-1 更换10kV柱上断路器（隔离开关分开配置） 114
16.2 C11-2 更换10kV柱上断路器（隔离开关集成配置） 118

- 第17章　更换10kV电缆线路 123
  - 17.1　C12-1 更换10kV 70mm² 电缆线路（4+2孔排管） 123
  - 17.2　C12-2 更换10kV 120mm² 电缆线路（9+2孔排管） 130
  - 17.3　C12-3 更换10kV 240mm² 电缆线路（9+2孔排管） 137

第三篇　使用说明 146

- 第18章　典型造价使用说明 146
  - 18.1　典型方案应用范围 146
  - 18.2　典型方案应用方法 146

第二部分　配电（检修）专业

第四篇　总论 148

- 第19章　概述 148
- 第20章　典型造价编制过程 149
- 第21章　典型造价总说明 150
  - 21.1　典型方案形成过程 150
  - 21.2　典型造价编制依据 150
  - 21.3　典型造价编制相关说明 151
  - 21.4　典型造价编码规则 151
  - 21.5　典型造价一览表 152

第五篇　典型方案造价 153

- 第22章　检修电缆 153
  - 22.1　XC1-1 更换10kV 240mm² 电缆 153
  - 22.2　XC1-2 更换0.4kV 240mm² 电缆 158
  - 22.3　XC1-3 更换电缆10kV 400mm² 户内终端头 162
  - 22.4　XC1-4 更换电缆10kV 400mm² 中间接头 165
  - 22.5　XC1-5 修复或重做0.1km 电缆防火 167
- 第23章　杆塔检修 171
  - 23.1　XC2-1 直线杆附件更换 171
  - 23.2　XC2-2 耐张杆附件更换 173

  23.3 XC2-3 拉线检修 …………………………………………… 177

第六篇 使用说明 …………………………………… **181**

第 24 章 典型造价使用说明 …………………………………… 181

  24.1 典型方案应用范围 ………………………………………… 181

  24.2 典型方案应用方法 ………………………………………… 181

附录 A 建筑、安装、拆除工程取费基数及费率一览表 …………… 182

附录 B 配电（技改）专业其他费用取费基数及费率一览表 ……… 185

附录 C 建筑、检修工程取费基数及费率一览表 …………………… 187

附录 D 配电（检修）专业其他费用取费基数及费率一览表 ……… 189

附录 E 配电专业建筑材料价格一览表 ………………………………… 191

参考文献 …………………………………………………………………… 192

第一部分 配电（技改）专业

第一篇 总 论

第1章 概 述

　　为服务国家电网公司"一体四翼"发展战略，支撑现代设备管理体系建设，进一步提升电网生产技术改造与设备大修项目（简称项目）管理水平，提高项目可研、设计、采购、结算质效，国家电网公司委托国网经济技术研究院有限公司（简称国网经研院）、国网河北省电力有限公司（简称国网河北电力）牵头收集整理2019年6月～2023年8月期间各类典型项目，明确技术条件和工程取费标准，在《电网生产技术改造工程典型造价（2017年版）》的基础上，修编形成《电网生产技术改造与设备大修项目典型造价汇编（2023年版）》（简称《2023年版典型造价》）。

　　《2023年版典型造价》基于标准化设计，遵循"方案典型、造价合理、编制科学"的原则，形成典型方案库。一是方案典型。通过对大量实际工程的统计、分析，结合公司各区域工程建设实际特点，合理归并、科学优化典型方案。二是造价合理。统一典型造价的编制原则、编制深度和编制依据，按照国家电网公司项目建设标准，综合考虑各地区工程建设实际情况，体现近年项目造价的综合平均水平。三是编制科学。典型造价编制工作结合项目管理实际，提出既能满足当前工程要求又有一定代表性的典型方案，根据现行的估算编制依据，优化假设条件，使典型造价更合理、更科学。

　　《电网生产技术改造与设备大修项目典型造价汇编（2023年版） 配电技改检修分册》为第五册，包含配电（技改）、配电（检修）两部分，其中配电（技改）专业适用于更换10kV变压器、更换高压开关柜、更换低压开关柜、更换配电自动化终端、更换直流屏、更换环网箱、更换10kV架空线路、更换10kV杆塔、更换拉线、更换0.4kV配电箱、更换10kV柱上断路器、更换10kV电缆线路等电网生产技术改造项目。

　　本分册共分为三篇，第一篇为总论，包括概述、编制过程、总说明；第二篇为典型方案造价，包含方案概况、主要技术条件、估算费用、电气设备材料和工程量等内容；第三篇为使用说明。

　　本分册典型造价应用时需与实际工作结合，充分考虑电网工程技术进步、国家政策等影响造价的各类因素。一是处理好与工程实际的关系。典型造价与工程实际的侧重点不同，但编制原则、技术条件一致，因此，在应用中可根据两者的特点，相互补充参考。二是因地制宜，加强对各类费用的控制。《2023年版典型造价》按照《电网技术改造工程预算编制与计算规定（2020年版）》（简称《预规》）计算了每个典型方案的具体造价，对于计价依据明确的费用，在实际工程设计评审等管理环节中必须严格把关；对于建设场地征用及清理费用等地区差异较大、计价依据未明确的费用，应进行合理的比较、分析与控制。

第 2 章 典型造价编制过程

典型造价编制工作于 2021 年 7 月启动，2023 年 8 月形成最终成果，期间召开 5 次研讨会，明确各阶段工作任务，对典型方案、估算编制原则和典型造价进行评审，提高典型造价科学性、正确性和合理性。具体编制过程如下：

2021 年 7~9 月，召开启动会，明确编制任务，研讨《电网生产技术改造工程典型造价（2017 年版）》方案设置情况，结合项目实际情况，经多次会议讨论，梳理形成《2023 年版典型造价》方案清单。

2021 年 10~11 月，细化方案清单，明确典型方案的主要技术条件及主要工程量，明确对应的定额子目。在北京召开集中研讨会，审定典型方案的技术条件及设计规模，初步确定定额子目及配套使用规则。

2021 年 12 月~2022 年 4 月，国网经研院、国网河北电力统一编制标准、明确编制依据，各参研单位根据典型方案技术规模、《预规》等计价规范，编制形成典型造价案例库。

2022 年 5~11 月，在编制组内开展互查互审工作，对典型造价案例库的技术规模和定额计费情况征集修改意见，组织多轮修改工作和集中审查工作，统一《2023 年版典型造价》形式。

2022 年 12 月~2023 年 1 月，线上召开电网生产技改与设备大修项目典型造价汇报审查会议，根据审查意见，依据《国网设备部关于印发电网生产技术改造和设备大修项目估算编制指导意见的通知》（设备计划〔2022〕96 号文）调整典型造价估算书，并根据当前市场价格更新主要材料与设备价格。

2023 年 2~6 月，邀请国网湖北省电力有限公司、国网福建省电力有限公司对编制成果进行审查，同期组织第二次编制组内互查互审工作，对审查意见进行集中梳理研讨并对应完成修改工作。

2023 年 6~8 月，国网经研院与国网河北电力完成终稿校审工作。

第3章 典型造价总说明

典型造价编制严格执行国家有关法律法规、电网工程技术改造预算编制与计算规定和配套定额、电网检修工程预算编制与计算规定和配套定额，设备材料以 2022 年为价格水平基准年，结合实际工程情况，形成典型造价方案、确定典型造价编制依据。估算书的编制深度和内容符合现行《电网技术改造工程预算编制与计算规定（2020 年版）》及《电网检修工程预算编制与计算规定（2020 年版）》的要求，表现形式遵循《预规》规定的表格形式、项目划分及费用性质划分原则。

3.1 典型方案形成过程

本册典型方案从实际工程选取，参考河北、山东、江苏、河南、重庆、辽宁、宁夏、新疆等地区电网生产技术改造项目类型确定，典型方案形成过程如下：

（1）典型方案选择原则：根据造价水平相当的原则，科学合理归并方案，确保方案的适用性、典型性。

（2）典型方案选取：以各地区常见工程为基础，充分考虑地区差异，整理分析典型工程，按专业类型及工程规模形成主体框架。

（3）典型方案确定：根据不同地区、各电压等级电网生产技术改造项目特点，以单项工程为计价单元，优化提炼出具有一定代表性的典型方案。

（4）典型方案主要技术条件：明确典型方案的主要技术条件，确定各方案边界条件及组合原则。

（5）典型方案主要内容：确定各方案具体工作内容。

3.2 典型造价编制依据

（1）项目划分及取费执行国家能源局发布的《电网技术改造工程预算编制与计算规定（2020 年版）》及《电网检修工程预算编制与计算规定（2020 年版）》。

（2）定额采用《电网技术改造工程概算定额（2020 年版）》《电网技术改造工程预算定额（2020 年版）》《电网检修工程预算定额（2020 年版）》《电网拆除工程预算定额（2020 年版）》。

（3）措施费取费标准按北京地区（Ⅱ类地区）计取，不计列特殊地区施工增加费。

（4）定额价格水平调整执行《电力工程造价与定额管理总站关于发布 2020 版电网技术改造及检修工程概预算定额 2022 年上半年价格水平调整系数的通知》（定额〔2022〕21 号）相关规定。人工费和材机费调整金额只计取税金，汇总计入总表"编制基准期价差"。

（5）建筑地方材料根据《北京工程造价信息》（月刊〔总第 266 期〕）计列。

（6）电气设备及主要材料价格统一按照《电网工程设备材料信息参考价》（2022 年第三

季度）计列，信息价格中未含部分，按照2022年第三季度国家电网公司区域工程项目招标中标平均价计列，综合材料价格按《电力建设工程装置性材料综合信息价（2021年版）》计列。

（7）住房公积金和社会保险费按北京标准执行，分别按12%和28.3%（含基本养老保险、失业保险、基本医疗保险、生育保险、工伤保险）计取。

（8）甲供设备材料增值税税金按13%计列，乙供设备材料及施工增值税税金按9%计列，设计、监理、咨询等技术服务增值税税金按6%计列。

（9）取费表取费基数及费率见附录A；其他费用取费基数及费率见附录B；建筑材料价格见附录E。

3.3 典型造价编制相关说明

典型造价编制过程中通过广泛调研，明确了各专业设计方案的主要技术条件，确定了工程造价的编制原则及依据，具体如下：

（1）各典型造价技术方案中的环境条件按北京地区典型条件考虑，各参数假定条件为地形：平原；地貌：Ⅲ类土；海拔：2000m以下；气温：−20～45℃；污秽等级：Ⅳ。

（2）建筑材料按不含税价考虑，电气设备、主要材料按含税价考虑。

（3）设备、配件按供货至现场考虑，按设备、配件价格及相应计提比例计列卸车费，施工现场的配件保管费已在临时设施费和企业管理费等费用中综合考虑。

（4）设计费除计列基本设计费外，同时计列了施工图预算编制费和竣工图文件编制费，施工图预算编制若由施工队伍编制，则不应列入设计费中。

（5）多次进场增加费考虑综合情况，实际进出场次数按1次考虑。

（6）总费用中不计列基本预备费。

（7）"典型方案工程量表"与"典型方案电气设备材料表"中"序号"列显示内容包含项目划分的序号、定额编码、物料编码。其中项目划分的序号、定额编码与《预规》及定额保持一致。

（8）根据《预规》与定额要求需对定额进行调整时，在定额序号前标"调"，同时分别注明人材机的调整系数，其中"R"表示人工费，"C"表示材料费，"J"表示机械费。根据实际情况，没有与实际工作内容完全一致的定额时，需套用相关定额或其他定额时，在定额序号前标"参"，根据实际情况，定额中的人材机与定额子目明细不同时，套用此定额需在定额序号前加"换"。

（9）本册典型方案均为同规格设备更换。

3.4 典型造价编码规则

典型方案编码含义：

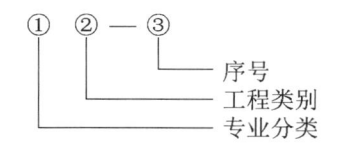

① ② — ③
③ 序号
② 工程类别
① 专业分类

典型方案编码规则分别见表 3-1~表 3-3。

表 3-1 专业分类编码规则

专业分类	变电	输电	配电	通信	继电保护	自动化
技改代码	A	B	C	D	E	F
检修代码	XA	XB	XC	XD	/	/

表 3-2 工程类别编码规则

工程类别	更换 10kV 变压器	更换高压开关柜	更换低压开关柜	更换配电自动化终端
代码	1	2	3	4
工程类别	更换直流屏	更换环网箱	更换 10kV 架空线路	更换 10kV 杆塔
代码	5	6	7	8
工程类别	更换拉线	更换 0.4kV 配电箱	更换 10kV 柱上断路器	更换 10kV 电缆线路
代码	9	10	11	12

表 3-3 序号编码规则

流水号	1	2	3	…	N	N+1

3.5 典型造价一览表

典型造价一览表为本册方案总览，包含方案编码、方案名称、主设备型号规格、方案规模、方案投资、设备购置费，详见表 3-4。

表 3-4 配电专业典型造价一览表

方案编码	方案名称	主设备型号规格	方案规模	方案投资	设备购置费
C	配电专业				
C1	更换 10kV 变压器			万元	万元
C1-1	更换 10kV 干式 800kVA 变压器（配电室）	普通，硅钢片，干式	1 台	25.44	22.51
C1-2	更换 10kV 油浸式 630kVA 变压器（配电室）	普通，硅钢片，油浸式	1 台	14.01	11.06
C1-3	更换 10kV 箱式 630kVA 变压器	欧式，硅钢片，普通，有环网柜，油浸式	1 台	33.49	25.11
C1-4	更换 10kV 柱上 400kVA 变压器	普通，硅钢片，油浸式	1 台	14.51	11.99
C1-5	更换 10kV 柱上 200kVA 变压器	普通，硅钢片，油浸式	1 台	11.34	9.10
C2	更换高压开关柜			万元	万元

续表

方案编码	方案名称	主设备型号规格	方案规模	方案投资	设备购置费
C2-1	更换高压开关柜	AC10kV，进线开关柜，小车式，1250A，25kA，真空	1台	7.53	5.51
C3	更换低压开关柜			万元	万元
C3-1	更换低压开关柜	AC380V，抽屉式，进线，2500A，65kA	1台	8.25	6.88
C4	更换配电自动化终端			万元	万元
C4-1	更换DTU柜	配电终端，站所终端（DTU）	1台	6.26	4.58
C4-2	更换TTU	配电终端，配变终端（TTU）	1台	1.22	0.90
C4-3	更换FTU	配电终端，馈线终端（FTU）	1台	1.19	0.83
C4-4	更换故障指示器	故障指示器	1套	1.05	0.65
C5	更换直流屏			万元	万元
C5-1	更换直流屏	直流电源系统，DC220V，10A	1台	4.41	3.10
C6	更换环网箱			万元	万元
C6-1	更换二进四出环网箱	一二次融合成套环网箱，AC10kV，630A，SF_6，二进四出	1台	32.17	23.40
C7	更换10kV架空线路			万元	万元
C7-1	更换钢芯铝绞线（120mm²）	钢芯铝绞线，JL/G1A，120/20	1km	4.92	2.81
C7-2	更换钢芯铝绞线（240mm²）	钢芯铝绞线，JL/G1A，240/30	1km	8.82	5.54
C7-3	更换架空绝缘线（120mm²）	AC10kV，JKLGYJ，120/20	1km	5.41	2.79
C7-4	更换架空绝缘线（240mm²）	AC10kV，JKLGYJ，240/30	1km	11.64	7.53
C8	更换10kV杆塔			万元	万元
C8-1	更换10kV 水泥杆（10m）	锥形水泥杆，非预应力，整根杆，10m，190mm，I	1根	1.20	0.77
C8-2	更换10kV 水泥杆（12m）	锥形水泥杆，非预应力，整根杆，12m，190mm，M	1根	1.22	0.77
C8-3	更换10kV 水泥杆（15m）	锥形水泥杆，非预应力，整根杆，15m，190mm，M	1根	1.36	0.88
C8-4	更换10kV 钢管杆（13m）	钢管杆，AC10kV，13m	1根	7.21	1.33
C9	更换拉线			万元	万元
C9-1	更换拉线	钢绞线，1×19-11.5-1370-B，80，镀锌	1组	0.22	0.08
C10	更换0.4kV配电箱			万元	万元
C10-1	更换200kVA 低压综合配电箱（JP柜）	户外，3回路 200kVA	1台	2.03	1.80

续表

方案编码	方案名称	主设备型号规格	方案规模	方案投资	设备购置费
C10-2	更换 400kVA 低压综合配电箱（JP 柜）	户外，4 回路 400kVA	1 台	2.18	1.94
C11	更换 10kV 柱上断路器			万元	万元
C11-1	更换 10kV 柱上断路器（隔离开关分开配置）	柱上断路器，AC10kV，630A，20kA，真空，无隔离闸刀，户外；10kV 三相隔离开关，630A，20kA，手动双柱立开式，不接地	1 台	4.56	3.59
C11-2	更换 10kV 柱上断路器（隔离开关集成配置）	柱上断路器，AC10kV，630A，20kA，真空，带隔离闸刀，户外	1 台	4.55	3.70
C12	更换 10kV 电缆线路			万元	万元
C12-1	更换 10kV 70mm² 电缆线路（4+2 孔排管）	电力电缆，AC10kV，YJV，70，3，22，ZA，无阻水	1km	290.70	22.21
C12-2	更换 10kV 120mm² 电缆线路（9+2 孔排管）	电力电缆，AC10kV，YJV，120，3，22，ZA，无阻水	1km	486.53	37.60
C12-3	更换 10kV 240mm² 电缆线路（9+2 孔排管）	电力电缆，AC10kV，YJV，240，3，22，ZA，无阻水	1km	512.59	61.23

第二篇 典型方案造价

第4章 更换配电室变压器

典型方案说明

更换配电室变压器典型方案共 2 个，按照冷却介质分为干式 800kVA 和油浸式 630kVA 变压器典型方案。所有典型方案的工作范围包含拆除旧变压器及基础，新建基础，安装、调试。不包含低压线路工程。

4.1 C1-1 更换 10kV 干式 800kVA 变压器（配电室）

4.1.1 典型方案主要内容

本典型方案为更换 1 台 800kVA 干式变压器，内容包括拆除原有变压器及基础，新建基础，安装、调试，接地利旧，与变压器相关的防火、防小动物等设施。方案工作范围包含变压器本体更换，不考虑进出线电缆更换，本方案为常规区域内（非配网自动化覆盖区域）的设备更换，不考虑配网自动化系统相关接入调试工作及对应费用。

4.1.2 典型方案主要技术条件

典型方案 C1-1 主要技术条件见表 4-1。

表 4-1   典型方案 C1-1 主要技术条件

方案名称	工程主要技术条件	
更换 10kV 干式 800kVA 变压器（配电室）	额定容量（kVA）	800
	阻抗电压	6%
	额定电压	10（10.500）±5（2×2.500）%/0.4kV
	联结组别	Dyn11
	冷却方式	自冷式

4.1.3 典型方案估算书

估算投资为总投资，编制依据按第 3 章要求。典型方案 C1-1 估算书包括总估算汇总表、安装工程专业汇总表、建筑工程专业汇总表、拆除工程专业汇总表、其他费用估算表，分别见表 4-2～表 4-6。

表 4-2　　典型方案 C1-1 总估算汇总表　　金额单位：万元

序号	工程或费用名称	含税金额	占工程投资的比例（%）	不含税金额	可抵扣增值税金额
一	建筑工程费	0.208	0.820	0.191	0.017
二	安装工程费	1.158	4.550	1.047	0.111
三	拆除工程费	0.211	0.830	0.194	0.017
四	设备购置费	22.512	88.480	19.923	2.589
	其中：编制基准期价差	0.025	0.100	0.025	
五	小计	24.089	94.680	21.355	2.734
	其中：甲供设备材料费	22.983	90.330	20.340	2.643
六	其他费用	1.354	5.320	1.277	0.077
七	基本预备费				
八	特殊项目				
九	工程投资合计	25.443	100	22.632	2.811
	其中：可抵扣增值税金额	2.811			2.811
	其中：施工费	1.105	4.340	1.014	0.091

表 4-3　　典型方案 C1-1 安装工程专业汇总表　　金额单位：元

序号	工程或费用名称	安装工程费			设备购置费	合计
		未计价材料费	安装费	小计		
	安装工程	4708	6868	11575	225120	236695
	配电站、开关站安装工程	4708	6868	11575	225120	236695
一	主要生产工程	4708	6868	11575	225120	236695
1	配电站、开关站	4708	6868	11575	225120	236695
1.1	变压器	733	2424	3157	225120	228277
1.3	控制保护系统		267	267		267
1.6	站用电缆	3975	135	4110		4110
1.6.3	电缆辅助设施	3975	135	4110		4110
1.8	调试与试验		4041	4041		4041
1.8.1	分系统调试		4041	4041		4041
	合计	4708	6868	11575	225120	236695

表 4-4　　　　　　　　典型方案 C1-1 建筑工程专业汇总表　　　　　　　金额单位：元

序号	工程或费用名称	建筑设备购置费	未计价材料费	建筑费	建筑工程费合计
	建筑工程		465	1615	2080
	配电站、开关站建筑工程		465	1615	2080
一	主要生产工程		465	1615	2080
1	配电站、开关站		465	1615	2080
1.1	一般土建		465	1615	2080
	合计		465	1615	2080

表 4-5　　　　　　　　典型方案 C1-1 拆除工程专业汇总表　　　　　　　金额单位：元

序号	工程或费用名称	拆除工程费
	拆除工程	2106
	建筑拆除	852
	配电站、开关站建筑工程	852
一	主要生产工程	852
1	配电站、开关站	852
1.1	一般土建	852
	安装拆除	1254
	配电站、开关站安装工程	1254
一	主要生产工程	1254
1	配电站、开关站	1254
1.1	变压器	1254
	合计	2106

表 4-6　　　　　　　　典型方案 C1-1 其他费用估算表　　　　　　　金额单位：元

序号	工程或费用项目名称	编制依据及计算说明	合价
2	项目管理费		1243
2.1	管理经费	（建筑工程费+安装工程费+拆除工程费）×3.530%	556
2.2	招标费	（建筑工程费+安装工程费+拆除工程费）×1.267%	200
2.3	工程监理费	（建筑工程费+安装工程费+拆除工程费）×3.087%	487
3	项目技术服务费		12301
3.1	前期工作费	（建筑工程费+安装工程费）×2.135%	292
3.3	工程勘察设计费		11231
3.3.2	设计费	设计费×100%	11231

续表

序号	工程或费用项目名称	编制依据及计算说明	合价
3.4	设计文件评审费		695
3.4.1	初步设计文件评审费	基本设计费×3.500%	333
3.4.2	施工图文件评审费	基本设计费×3.800%	362
3.5	施工过程造价咨询及竣工结算审核费	变电：（建筑工程费＋安装工程费＋拆除工程费）×0.530%；线路：（建筑工程费＋安装工程费＋拆除工程费）×0.380%	84
	合计		13544

4.1.4 典型方案电气设备材料表

典型方案 C1－1 电气设备材料表见表 4－7。

表 4－7　　典型方案 C1－1 电气设备材料表

序号	设备或材料名称	单位	数量	备注
	安装工程			
	配电站、开关站安装工程			
一	主要生产工程			
1	配电站、开关站			
1.1	变压器			
500007414	10kV 变压器，800kVA，普通，硅钢片，干式	台	1	
500010829	槽钢，#12	kg	80	
1.6	站用电缆			
1.6.3	电缆辅助设施			
500011738	防火堵料	kg	5	
500011727	防火涂料	kg	5	

4.1.5 典型方案工程量表

典型方案 C1－1 工程量见表 4－8。

表 4－8　　典型方案 C1－1 工程量表

序号	项目名称	单位	数量	备注
	建筑工程			
	配电站、开关站建筑工程			
一	主要生产工程			
1	配电站、开关站			
1.1	一般土建			

续表

序号	项目名称	单位	数量	备注
JGT1－11	人工施工土方　基坑土方　挖深2m以内	m³	3.456	
JGT2－12	设备基础　变压器基础	m³	2.240	
	安装工程			
	配电站、开关站安装工程			
一	主要生产工程			
1	配电站、开关站			
1.1	变压器			
JGD1－9	20kV以下干式变压器安装　容量（kVA以下）1000	台	1	
1.3	控制保护系统			
JGD7－3	全站电缆敷设　控制电缆　全站	100m	0.250	
1.6	站用电缆			
1.6.3	电缆辅助设施			
JGD7－10	电缆防火安装　防火堵料	t	0.005	
JGD7－11	电缆防火安装　防火涂料	t	0.005	
1.8	调试与试验			
1.8.1	分系统调试			
JGS1－1	电力变压器系统　10kV	系统	1	
	拆除工程			
	建筑拆除			
	配电站、开关站建筑工程			
一	主要生产工程			
1	配电站、开关站			
1.1	一般土建			
调CYT3－15 R×1.3	现浇混凝土　拆除钢筋混凝土　设备基础	m³	1.792	
	安装拆除			
	配电站、开关站安装工程			
一	主要生产工程			
1	配电站、开关站			
1.1	变压器			
CYD1－3	20kV以下变压器拆除　容量（kVA以下）1000	台	1	

4.2 C1-2 更换 10kV 油浸式 630kVA 变压器（配电室）

4.2.1 典型方案主要内容

本典型方案为更换 1 台 630kVA 油浸式变压器，内容包括拆除原有变压器及基础，新建基础，安装、调试，接地利旧，与变压器相关的防火、防小动物等设施。方案工作范围包含变压器本体更换，不考虑进出线电缆更换，本方案为常规区域内（非配网自动化覆盖区域）的设备更换，不考虑配网自动化系统相关接入调试工作及对应费用。

4.2.2 典型方案主要技术条件

典型方案 C1-2 主要技术条件见表 4-9。

表 4-9　　　　典型方案 C1-2 主要技术条件

方案名称	工程主要技术条件	
更换 10kV 油浸式 630kVA 变压器（配电室）	额定容量（kVA）	630
	阻抗电压	4%
	额定电压	10（10.500）±5（2×2.500）%/0.4kV
	联结组别	Dyn11
	冷却方式	自冷式

4.2.3 典型方案估算书

估算投资为总投资，编制依据按第 3 章要求。典型方案 C1-2 估算书包括总估算汇总表、安装工程专业汇总表、建筑工程专业汇总表、拆除工程专业汇总表、其他费用估算表，分别见表 4-10～表 4-14。

表 4-10　　　　典型方案 C1-2 总估算汇总表　　　　金额单位：万元

序号	工程或费用名称	含税金额	占工程投资的比例（%）	不含税金额	可抵扣增值税金额
一	建筑工程费	0.208	1.480	0.191	0.017
二	安装工程费	1.269	9.060	1.149	0.120
三	拆除工程费	0.211	1.510	0.194	0.017
四	设备购置费	11.055	78.900	9.780	1.275
	其中：编制基准期价差	0.030	0.210	0.030	
五	小计	12.743	90.950	11.314	1.429
	其中：甲供设备材料费	11.526	82.260	10.197	1.329
六	其他费用	1.268	9.050	1.196	0.072
七	基本预备费				
八	特殊项目				

续表

序号	工程或费用名称	含税金额	占工程投资的比例（%）	不含税金额	可抵扣增值税金额
九	工程投资合计	14.011	100	12.510	1.501
	其中：可抵扣增值税金额	1.501			1.501
	其中：施工费	1.217	8.690	1.117	0.100

表 4-11　　　　　　　　　　典型方案 C1-2 安装工程专业汇总表　　　　　　　　金额单位：元

序号	工程或费用名称	安装工程费			设备购置费	合计
		未计价材料费	安装费	小计		
	安装工程	4708	7979	12687	110550	123237
	配电站、开关站安装工程	4708	7979	12687	110550	123237
一	主要生产工程	4708	7979	12687	110550	123237
1	配电站、开关站	4708	7979	12687	110550	123237
1.1	变压器	733	3803	4536	110550	115086
1.6	站用电缆	3975	135	4110		4110
1.6.3	电缆辅助设施	3975	135	4110		4110
1.8	调试与试验		4041	4041		4041
1.8.1	分系统调试		4041	4041		4041
	合计	4708	7979	12687	110550	123237

表 4-12　　　　　　　　　　典型方案 C1-2 建筑工程专业汇总表　　　　　　　　金额单位：元

序号	工程或费用名称	建筑设备购置费	未计价材料费	建筑费	建筑工程费合计
	建筑工程		469	1615	2084
	配电站、开关站建筑工程		469	1615	2084
一	主要生产工程		469	1615	2084
1	配电站、开关站		469	1615	2084
1.1	一般土建		469	1615	2084
	合计		469	1615	2084

表 4-13　　　　　　　　　　典型方案 C1-2 拆除工程专业汇总表　　　　　　　　金额单位：元

序号	工程或费用名称	拆除工程费
	拆除工程	2106
	建筑拆除	852
	配电站、开关站建筑工程	852

续表

序号	工程或费用名称	拆除工程费
一	主要生产工程	852
1	配电站、开关站	852
1.1	一般土建	852
	安装拆除	1254
	配电站、开关站安装工程	1254
一	主要生产工程	1254
1	配电站、开关站	1254
1.1	变压器	1254
	合计	2106

表 4-14　　　　　　典型方案 C1-2 其他费用估算表　　　　　　金额单位：元

序号	工程或费用项目名称	编制依据及计算说明	合价
2	项目管理费		1331
2.1	管理经费	（建筑工程费+安装工程费+拆除工程费）×3.530%	596
2.2	招标费	（建筑工程费+安装工程费+拆除工程费）×1.267%	214
2.3	工程监理费	（建筑工程费+安装工程费+拆除工程费）×3.087%	521
3	项目技术服务费		11350
3.1	前期工作费	（建筑工程费+安装工程费）×2.135%	315
3.3	工程勘察设计费		10307
3.3.2	设计费	设计费×100%	10307
3.4	设计文件评审费		638
3.4.1	初步设计文件评审费	基本设计费×3.500%	306
3.4.2	施工图文件评审费	基本设计费×3.800%	332
3.5	施工过程造价咨询及竣工结算审核费	变电：（建筑工程费+安装工程费+拆除工程费）×0.530%； 线路：（建筑工程费+安装工程费+拆除工程费）×0.380%	89
	合计		12680

4.2.4　典型方案电气设备材料表

典型方案 C1-2 电气设备材料表见表 4-15。

表 4-15　　　　　　典型方案 C1-2 电气设备材料表

序号	设备或材料名称	单位	数量	备注
	安装工程			
	配电站、开关站安装工程			

续表

序号	设备或材料名称	单位	数量	备注
一	主要生产工程			
1	配电站、开关站			
1.1	变压器			
500007392	10kV 变压器，630kVA，普通，硅钢片，油浸式	台	1	
500010829	槽钢，#12	kg	80	
1.6	站用电缆			
1.6.3	电缆辅助设施			
500011738	防火堵料	kg	5	
500011727	防火涂料	kg	5	

4.2.5 典型方案工程量表

典型方案 C1-2 工程量见表 4-16。

表 4-16　　　　　　　　典型方案 C1-2 工程量表

序号	项目名称	单位	数量	备注
	建筑工程			
	配电站、开关站建筑工程			
一	主要生产工程			
1	配电站、开关站			
1.1	一般土建			
JGT1-11	人工施工土方　基坑土方　挖深 2m 以内	m³	3.456	
JGT2-12	设备基础　变压器基础	m³	2.240	
	安装工程			
	配电站、开关站安装工程			
一	主要生产工程			
1	配电站、开关站			
1.1	变压器			
JGD1-3	20kV 以下油浸式变压器安装　容量（kVA 以下）1000	台	1	
1.6	站用电缆			
1.6.3	电缆辅助设施			
JGD7-10	电缆防火安装　防火堵料	t	0.005	
JGD7-11	电缆防火安装　防火涂料	t	0.005	

续表

序号	项目名称	单位	数量	备注
1.8	调试与试验			
1.8.1	分系统调试			
JGS1-1	电力变压器系统 10kV	系统	1	
	拆除工程			
	建筑拆除			
	配电站、开关站建筑工程			
一	主要生产工程			
1	配电站、开关站			
1.1	一般土建			
调CYT3-15 R×1.3	现浇混凝土 拆除钢筋混凝土 设备基础	m³	1.792	
	安装拆除			
	配电站、开关站安装工程			
一	主要生产工程			
1	配电站、开关站			
1.1	变压器			
CYD1-3	20kV以下变压器拆除 容量（kVA以下）1000	台	1	

第5章 更换箱式变压器

典型方案说明

更换箱式变压器典型方案共1个,将原有箱式变压器更换为630kVA箱式变压器1台。本典型方案的工作范围包含拆除旧箱式变压器及基础,新建基础,安装、调试及更换电缆头。不包含低压线路工程。

5.1 C1-3 更换10kV箱式630kVA变压器

5.1.1 典型方案主要内容

本典型方案为更换1台630kVA欧式箱变,内容包括拆除原有箱变及基础,新建基础,安装、调试,更换电缆头及接地改造,与箱变相关的防火、通风、防潮、防小动物等设施。方案工作范围包含箱变本体更换,及箱变更换时对应的电缆拆接,不考虑进出线电缆更换,本方案为常规区域内(非配网自动化覆盖区域)的设备更换,不考虑配网自动化系统相关接入调试工作及对应费用。

5.1.2 典型方案主要技术条件

典型方案C1-3主要技术条件见表5-1。

表5-1 典型方案C1-3主要技术条件

方案名称	工程主要技术条件	
更换10kV箱式630kVA变压器	额定容量(kVA)	630
	阻抗电压	4%
	额定电压	10(10.500)±5(2×2.500)%/0.4kV
	联结组别	Dyn11
	冷却方式	自冷式

5.1.3 典型方案估算书

估算投资为总投资,编制依据按第3章要求。典型方案C1-3估算书包括总估算汇总表、安装工程专业汇总表、建筑工程专业汇总表、拆除工程专业汇总表、其他费用估算表,分别见表5-2~表5-6。

表5-2 典型方案C1-3总估算汇总表　　　　金额单位:万元

序号	工程或费用名称	含税金额	占工程投资的比例(%)	不含税金额	可抵扣增值税金额
一	建筑工程费	2.561	7.650	2.350	0.211

续表

序号	工程或费用名称	含税金额	占工程投资的比例（%）	不含税金额	可抵扣增值税金额
二	安装工程费	1.796	5.360	1.620	0.176
三	拆除工程费	0.913	2.730	0.838	0.075
四	设备购置费	25.114	74.980	22.229	2.885
	其中：编制基准期价差	0.061	0.180	0.061	
五	小计	30.384	90.710	27.037	3.347
	其中：甲供设备材料费	25.982	77.570	22.997	2.985
六	其他费用	3.110	9.290	2.934	0.176
七	基本预备费				
八	特殊项目				
九	工程投资合计	33.494	100	29.971	3.523
	其中：可抵扣增值税金额	3.523			3.523
	其中：施工费	4.402	13.140	4.039	0.363

表5-3　　　　　　　　　　　典型方案C1-3安装工程专业汇总表　　　　　　　　　金额单位：元

序号	工程或费用名称	安装工程费			设备购置费	合计
		未计价材料费	安装费	小计		
	安装工程	8683	9279	17962	251142	269104
	配电站、开关站安装工程	8683	9279	17962	251142	269104
一	主要生产工程	8683	9279	17962	251142	269104
1	配电站、开关站	7950	3555	11505	254	11759
1.6	站用电缆	7950	1048	8998	254	9252
1.6.1	电力电缆		778	778	254	1032
1.6.3	电缆辅助设施	7950	270	8220		8220
1.8	调试与试验		2507	2507		2507
1.8.1	分系统调试		2507	2507		2507
2	箱式变电站（环网箱）	733	5723	6456	250888	257345
	合计	8683	9279	17962	251142	269104

表5-4　　　　　　　　　　　典型方案C1-3建筑工程专业汇总表　　　　　　　　　金额单位：元

序号	工程或费用名称	建筑设备购置费	未计价材料费	建筑费	建筑工程费合计
	建筑工程		7243	18368	25611
	配电站、开关站建筑工程		7243	18368	25611

续表

序号	工程或费用名称	建筑设备购置费	未计价材料费	建筑费	建筑工程费合计
一	主要生产工程		7243	18368	25611
2	箱式变电站（环网箱）		7243	18368	25611
2.1	基础工程		7243	18368	25611
	合计		7243	18368	25611

表 5-5　　　　　典型方案 C1-3 拆除工程专业汇总表　　　　　金额单位：元

序号	工程或费用名称	拆除工程费
	拆除工程	9130
	建筑拆除	6771
	配电站、开关站建筑工程	6771
一	主要生产工程	6771
2	箱式变电站（环网箱）	6771
2.1	基础工程	6771
	安装拆除	2359
	配电站、开关站安装工程	2359
一	主要生产工程	2359
2	箱式变电站（环网箱）	2359
	合计	9130

表 5-6　　　　　典型方案 C1-3 其他费用估算表　　　　　金额单位：元

序号	工程或费用项目名称	编制依据及计算说明	合价
2	项目管理费		4155
2.1	管理经费	（建筑工程费+安装工程费+拆除工程费）×3.530%	1860
2.2	招标费	（建筑工程费+安装工程费+拆除工程费）×1.267%	668
2.3	工程监理费	（建筑工程费+安装工程费+拆除工程费）×3.087%	1627
3	项目技术服务费		26948
3.1	前期工作费	（建筑工程费+安装工程费）×2.135%	930
3.3	工程勘察设计费		24239
3.3.2	设计费	设计费×100%	24239
3.4	设计文件评审费		1500
3.4.1	初步设计文件评审费	基本设计费×3.500%	719
3.4.2	施工图文件评审费	基本设计费×3.800%	781

续表

序号	工程或费用项目名称	编制依据及计算说明	合价
3.5	施工过程造价咨询及竣工结算审核费	变电：（建筑工程费+安装工程费+拆除工程费）×0.530%； 线路：（建筑工程费+安装工程费+拆除工程费）×0.380%	279
	合计		31103

5.1.4 典型方案电气设备材料表

典型方案 C1-3 电气设备材料表见表 5-7。

表 5-7　　典型方案 C1-3 电气设备材料表

序号	设备或材料名称	单位	数量	备注
	安装工程			
	配电站、开关站安装工程			
一	主要生产工程			
1	配电站、开关站			
1.6	站用电缆			
500021056	10kV 电缆终端，3×70，户内终端，冷缩，铜	套	1	
1.6.3	电缆辅助设施			
500011738	防火堵料	kg	10	
500011727	防火涂料	kg	10	
2	箱式变电站（环网箱）			
500061873	10kV 箱式变电站，630kVA，欧式，硅钢片，普通，有环网柜	套	1	
500010829	槽钢，#12	kg	80	

5.1.5 典型方案工程量表

典型方案 C1-3 工程量见表 5-8。

表 5-8　　典型方案 C1-3 工程量表

序号	项目名称	单位	数量	备注
	建筑工程			
	配电站、开关站建筑工程			
一	主要生产工程			
2	箱式变电站（环网箱）			
2.1	基础工程			

续表

序号	项目名称	单位	数量	备注
JGT1-11	人工施工土方 基坑土方 挖深2m以内	m³	27.370	
JGT1-10	人工施工土方 场地平整 土方夯填	m³	13	
JGT2-9	独立基础 杯形基础	m³	21.550	
	安装工程			
	配电站、开关站安装工程			
一	主要生产工程			
1	配电站、开关站			
1.6	站用电缆			
1.6.1	电力电缆			
JYD7-70	户内辐射交联热（冷）收缩电力电缆终端头制作安装 20kV 截面（mm²）120	个	1	
JYD7-48	电缆敷设及试验 电力电缆试验 10kV	回路	1	
1.6.3	电缆辅助设施			
JGD7-10	电缆防火安装 防火堵料	t	0.010	
JGD7-11	电缆防火安装 防火涂料	t	0.010	
1.8	调试与试验			
1.8.1	分系统调试			
JGS3-1	电力变压器系统 高压侧配置负荷开关 10kV	系统	1	
2	箱式变电站（环网箱）			
JGD1-79	箱式变电站安装 变压器容量（kVA以下）630	座	1	
	拆除工程			
	建筑拆除			
	配电站、开关站建筑工程			
一	主要生产工程			
1	配电站、开关站			
1.1	一般土建			
CYT3-15	现浇混凝土 拆除钢筋混凝土 设备基础	m³	17.237	
	安装拆除			
	配电站、开关站安装工程			
一	主要生产工程			
1	配电站、开关站			

续表

序号	项目名称	单位	数量	备注
2	箱式变电站（环网箱）			
CYD1-65	35kV以下组合型成套箱式变电站拆除 容量（kVA以下）630	座	1	
CYD10-84	户内电缆终端头拆除 截面积（mm^2以内）120	个	1	

第6章 更换柱上变压器

典型方案说明

更换柱上变压器典型方案共2个，按照设备容量等分为 200kVA 和 400kVA 变压器典型方案。所有典型方案的工作范围包含变压器本体、低压综合配电箱、熔断器、避雷器，不包含低压线路工程。

6.1 C1-4 更换 10kV 柱上 400kVA 变压器

6.1.1 典型方案主要内容

本典型方案为更换 1 台 400kVA 柱上变压器，内容包括整体安装、调试，高低压引线更换，配电箱更换，熔断器更换，避雷器更换，接地改造，旧设备拆除；本方案为常规区域内（非配网自动化覆盖区域）的设备更换，不考虑配网自动化系统相关接入调试工作及对应费用。

6.1.2 典型方案主要技术条件

典型方案 C1-5 主要技术条件见表 6-1。

表 6-1　　　　　　　　典型方案 C1-4 主要技术条件

方案名称	工程主要技术条件	
更换10kV柱上400kVA变压器	额定容量（kVA）	400
	阻抗电压	4%
	额定电压	10（10.500）±5（2×2.500）%/0.4kV
	联结组别	Dyn11
	冷却方式	自冷式

6.1.3 典型方案估算书

估算投资为总投资，编制依据按第 3 章要求。典型方案 C1-4 估算书包括总估算汇总表、安装工程专业汇总表、拆除工程专业汇总表、其他费用估算表，分别见表 6-2～表 6-5。

表 6-2　　　　　　　典型方案 C1-4 总估算汇总表　　　　　　　金额单位：万元

序号	工程或费用名称	含税金额	占工程投资的比例（%）	不含税金额	可抵扣增值税金额
一	建筑工程费				
二	安装工程费	1.190	8.200	1.087	0.103
三	拆除工程费	0.152	1.050	0.139	0.013

续表

序号	工程或费用名称	含税金额	占工程投资的比例（%）	不含税金额	可抵扣增值税金额
四	设备购置费	11.990	82.650	10.613	1.377
	其中：编制基准期价差	0.041	0.280	0.041	
五	小计	13.332	91.900	11.839	1.493
	其中：甲供设备材料费	12.146	83.730	10.751	1.395
六	其他费用	1.175	8.100	1.108	0.067
七	基本预备费				
八	特殊项目				
九	工程投资合计	14.507	100	12.947	1.560
	其中：可抵扣增值税金额	1.560			1.560
	其中：施工费	1.186	8.180	1.088	0.098

表 6-3　　典型方案 C1-4 安装工程专业汇总表　　金额单位：元

序号	工程或费用名称	安装工程费			设备购置费	合计
		未计价材料费	安装费	小计		
	安装工程	1564	10334	11898	119895	131793
	架空输电线路安装工程	1564	10334	11898	119895	131793
一	架空线路本体工程	1564	10334	11898	119895	131793
2	基础工程	1564	252	1816		1816
2.2	基础砌筑	1564	252	1816		1816
5	杆上变配电装置		10082	10082	119895	129978
5.1	变配电装置运输		38	38		38
5.2	变配电装置安装		8929	8929	119895	128825
5.3	变配电装置调试		1115	1115		1115
	合计	1564	10334	11898	119895	131793

表 6-4　　典型方案 C1-4 拆除工程专业汇总表　　金额单位：元

序号	工程或费用名称	拆除工程费
	拆除工程	1522
	安装拆除	1522
	架空输电线路拆除工程	1522
一	架空线路本体工程	1522
5	杆上变配电装置	1522

续表

序号	工程或费用名称	拆除工程费
5.2	变配电装置安装	1522
	合计	1522

表 6-5　　　　　　　　　　典型方案 C1-4 其他费用估算表　　　　　　　金额单位：元

序号	工程或费用项目名称	编制依据及计算说明	合价
2	项目管理费		1058
2.1	管理经费	（建筑工程费+安装工程费+拆除工程费）×3.530%	474
2.2	招标费	（建筑工程费+安装工程费+拆除工程费）×1.267%	170
2.3	工程监理费	（建筑工程费+安装工程费+拆除工程费）×3.087%	414
3	项目技术服务费		10696
3.1	前期工作费	（建筑工程费+安装工程费）×2.135%	254
3.3	工程勘察设计费		9786
3.3.2	设计费	设计费×100%	9786
3.4	设计文件评审费		605
3.4.1	初步设计文件评审费	基本设计费×3.500%	290
3.4.2	施工图文件评审费	基本设计费×3.800%	315
3.5	施工过程造价咨询及竣工结算审核费	变电：（建筑工程费+安装工程费+拆除工程费）×0.530%； 线路：（建筑工程费+安装工程费+拆除工程费）×0.380%	51
	合计		11754

6.1.4　典型方案电气设备材料表

典型方案 C1-4 电气设备材料表见表 6-6。

表 6-6　　　　　　　　　　典型方案 C1-4 电气设备材料表

序号	设备或材料名称	单位	数量	备注
	安装工程			
	架空输电线路安装工程			
一	架空线路本体工程			
2	基础工程			
2.2	基础砌筑			
500020157	接地铁，扁钢，镀锌，—5×50，6000mm	根	7	
500020138	接地铁，角钢，镀锌，∠63×6，2500mm	根	4	
5	杆上变配电装置			
5.2	变配电装置安装			

续表

序号	设备或材料名称	单位	数量	备注
500134497	10kV 柱上变压器台成套设备，ZA－1－ZX，400kVA，15m	台	1	

6.1.5 典型方案工程量表

典型方案 C1－4 工程量见表 6－7。

表 6－7　　　　　　　　典型方案 C1－4 工程量表

序号	项目名称	单位	数量	备注
	安装工程			
	架空输电线路安装工程			
一	架空线路本体工程			
2	基础工程			
2.2	基础砌筑			
JGX1－16	接地安装　10kV 以下接地	组	1	
5	杆上变配电装置			
5.1	变配电装置运输			
JYX1－19	人力运输　金具、绝缘子、零星钢材	t·km	0.040	
JYX1－105	汽车运输　金具、绝缘子、零星钢材　装卸	t	0.200	
JYX1－106	汽车运输　金具、绝缘子、零星钢材　运输	t·km	4	
5.2	变配电装置安装			
JGX5－3	变压器容量（630kVA 以下）10kV 引下线　架空	台	1	
5.3	变配电装置调试			
JGS3－22	杆上变压器系统　10kV	间隔	1	
	拆除工程			
	安装拆除			
	架空输电线路拆除工程			
一	架空线路本体工程			
5	杆上变配电装置			
5.2	变配电装置安装			
CYX5－5	变压器拆除　油浸变压器　容量（kVA）400 以下	台	1	
CYX5－9	杆上配电装置拆除　跌落式熔断器	组	1	
CYX5－12	杆上配电装置拆除　配电箱	台	1	
CYX4－122	避雷器、避雷针拆除　避雷器拆除　10kV	组/三相	1	

6.2 C1-5 更换 10kV 柱上 200kVA 变压器

6.2.1 典型方案主要内容

本典型方案为更换 1 台 200kVA 柱上变压器，内容包括整体安装、调试，高低压引线更换，配电箱更换，熔断器更换，避雷器更换，接地改造，旧设备拆除；本方案为常规区域内（非配网自动化覆盖区域）的设备更换，不考虑配网自动化系统相关接入调试工作及对应费用。

6.2.2 典型方案主要技术条件

典型方案 C1-5 主要技术条件见表 6-8。

表 6-8　　　　　　　　　典型方案 C1-5 主要技术条件

方案名称	工程主要技术条件	
更换 10kV 柱上 200kVA 变压器	额定容量（kVA）	200
	阻抗电压	4%
	额定电压	10（10.500）±5（2×2.500）%/0.4kV
	联结组别	Dyn11
	冷却方式	自冷式

6.2.3 典型方案估算书

估算投资为总投资，编制依据按第 3 章要求。典型方案 C1-5 估算书包括总估算汇总表、安装工程专业汇总表、拆除工程专业汇总表、其他费用估算表，分别见表 6-9～表 6-12。

表 6-9　　　　　　　　典型方案 C1-5 总估算汇总表　　　　　　　金额单位：万元

序号	工程或费用名称	含税金额	占工程投资的比例（%）	不含税金额	可抵扣增值税金额
一	建筑工程费				
二	安装工程费	1.075	9.480	0.981	0.094
三	拆除工程费	0.152	1.340	0.139	0.013
四	设备购置费	9.098	80.240	8.053	1.045
	其中：编制基准期价差	0.038	0.340	0.038	
五	小计	10.325	91.070	9.173	1.152
	其中：甲供设备材料费	9.254	81.620	8.191	1.063
六	其他费用	1.013	8.930	0.956	0.057
七	基本预备费				
八	特殊项目				
九	工程投资合计	11.338	100	10.129	1.209

续表

序号	工程或费用名称	含税金额	占工程投资的比例（%）	不含税金额	可抵扣增值税金额
	其中：可抵扣增值税金额	1.209			1.209
	其中：施工费	1.070	9.440	0.982	0.088

表 6-10　　　　　　　典型方案 C1-5 安装工程专业汇总表　　　　　金额单位：元

序号	工程或费用名称	安装工程费			设备购置费	合计
		未计价材料费	安装费	小计		
	安装工程	1564	9182	10746	90977	101723
	架空输电线路安装工程	1564	9182	10746	90977	101723
一	架空线路本体工程	1564	9182	10746	90977	101723
2	基础工程	1564	252	1816		1816
2.2	基础砌筑	1564	252	1816		1816
5	杆上变配电装置		8930	8930	90977	99907
5.1	变配电装置运输		38	38		38
5.2	变配电装置安装		7777	7777	90977	98754
5.3	变配电装置调试		1115	1115		1115
	合计	1564	9182	10746	90977	101723

表 6-11　　　　　　　典型方案 C1-5 拆除工程专业汇总表　　　　　金额单位：元

序号	工程或费用名称	拆除工程费
	拆除工程	1522
	安装拆除	1522
	架空输电线路拆除工程	1522
一	架空线路本体工程	1522
5	杆上变配电装置	1522
5.2	变配电装置安装	1522
	合计	1522

表 6-12　　　　　　　典型方案 C1-5 其他费用估算表　　　　　金额单位：元

序号	工程或费用项目名称	编制依据及计算说明	合价
2	项目管理费		967
2.1	管理经费	（建筑工程费+安装工程费+拆除工程费）×3.530%	433
2.2	招标费	（建筑工程费+安装工程费+拆除工程费）×1.267%	155
2.3	工程监理费	（建筑工程费+安装工程费+拆除工程费）×3.087%	379

续表

序号	工程或费用项目名称	编制依据及计算说明	合价
3	项目技术服务费		9160
3.1	前期工作费	（建筑工程费+安装工程费）×2.135%	229
3.3	工程勘察设计费		8366
3.3.2	设计费	设计费×100%	8366
3.4	设计文件评审费		518
3.4.1	初步设计文件评审费	基本设计费×3.500%	248
3.4.2	施工图文件评审费	基本设计费×3.800%	269
3.5	施工过程造价咨询及竣工结算审核费	变电：（建筑工程费+安装工程费+拆除工程费）×0.530%；线路：（建筑工程费+安装工程费+拆除工程费）×0.380%	47
	合计		10127

6.2.4 典型方案电气设备材料表

典型方案 C1-5 电气设备材料表见表 6-13。

表 6-13　　　　　　　　典型方案 C1-5 电气设备材料表

序号	设备或材料名称	单位	数量	备注
	安装工程			
	架空输电线路安装工程			
一	架空线路本体工程			
2	基础工程			
2.2	基础砌筑			
500020157	接地铁，扁钢，镀锌，—5×50，6000mm	根	7	
500020138	接地铁，角钢，镀锌，∠63×6，2500mm	根	4	
5	杆上变配电装置			
5.2	变配电装置安装			
500134512	10kV 柱上变压器台成套设备，ZA-1-ZX，200kVA，15m	台	1	

6.2.5 典型方案工程量表

典型方案 C1-5 工程量见表 6-14。

表 6-14　　　　　　　　典型方案 C1-5 工程量表

序号	项目名称	单位	数量	备注
	安装工程			

续表

序号	项目名称	单位	数量	备注
	架空输电线路安装工程			
一	架空线路本体工程			
2	基础工程			
2.2	基础砌筑			
JGX1-16	接地安装 10kV 以下接地	组	1	
5	杆上变配电装置			
5.1	变配电装置运输			
JYX1-19	人力运输 金具、绝缘子、零星钢材	t·km	0.040	
JYX1-105	汽车运输 金具、绝缘子、零星钢材 装卸	t	0.200	
JYX1-106	汽车运输 金具、绝缘子、零星钢材 运输	t·km	4	
5.2	变配电装置安装			
JGX5-1	变压器容量（315kVA 以下）10kV 引下线 架空	台	1	
5.3	变配电装置调试			
JGS3-22	杆上变压器系统 10kV	间隔	1	
	拆除工程			
	安装拆除			
	架空输电线路拆除工程			
一	架空线路本体工程			
5	杆上变配电装置			
5.2	变配电装置安装			
CYX5-4	变压器拆除 油浸变压器 容量（kVA）315 以下	台	1	
CYX5-9	杆上配电装置拆除 跌落式熔断器	组	1	
CYX5-12	杆上配电装置拆除 配电箱	台	1	
CYX4-122	避雷器、避雷针拆除 避雷器拆除 10kV	组/三相	1	

第7章 更换高压开关柜

典型方案说明

更换高压开关柜典型方案共 1 个，内容包括拆除原有高压开关柜及基础，新建基础，安装、调试设备及更换电缆头，完善与开关柜相关的防火、防小动物等设施。不涉及系统通信专业、系统远动专业的具体内容。本典型方案工作范围包含高压开关柜本体更换，及开关柜更换时对应的电缆拆接，不考虑进出线电缆更换，本方案为常规区域内（非配网自动化覆盖区域）的设备更换，不考虑配网自动化系统相关接入调试工作及对应费用。

7.1 C2-1 更换高压开关柜

7.1.1 典型方案主要内容

本典型方案为更换 1 台高压开关柜，内容包括拆除原有高压开关柜及基础，新建基础，安装、调试及更换电缆头，与开关柜相关的防火、防小动物等设施。不涉及系统通信专业、系统远动专业的具体内容；方案工作范围包含高压开关柜本体更换，及开关柜更换时对应的电缆拆接，不考虑进出线电缆更换，本方案为常规区域内（非配网自动化覆盖区域）的设备更换，不考虑配网自动化系统相关接入调试工作及对应费用。

7.1.2 典型方案主要技术条件

典型方案 C2-1 主要技术条件见表 7-1。

表 7-1 典型方案 C2-1 主要技术条件

方案名称	工程主要技术条件	
更换高压开关柜	结构形式	小车式
	额定电压（kV）	12
	额定电流（A）	1250
	开关柜用途	进线柜
	设备短路电流水平	25kV
	主要设备选型	真空断路器

7.1.3 典型方案估算书

估算投资为总投资，编制依据按第 3 章要求。典型方案 C2-1 估算书包括总估算汇总表、安装工程专业汇总表、建筑工程专业汇总表、拆除工程专业汇总表、其他费用估算表，分别见表 7-2～表 7-6。

表 7-2　　　　　　　　　　　　典型方案 C2-1 总估算汇总表　　　　　　　　　　金额单位：万元

序号	工程或费用名称	含税金额	占工程投资的比例（%）	不含税金额	可抵扣增值税金额
一	建筑工程费	0.125	1.660	0.115	0.010
二	安装工程费	1.049	13.930	0.949	0.100
三	拆除工程费	0.128	1.700	0.117	0.011
四	设备购置费	5.508	73.170	4.876	0.632
	其中：编制基准期价差	0.022	0.290	0.022	
五	小计	6.810	90.460	6.057	0.753
	其中：甲供设备材料费	5.933	78.810	5.252	0.681
六	其他费用	0.718	9.540	0.677	0.041
七	基本预备费				
八	特殊项目				
九	工程投资合计	7.528	100	6.734	0.794
	其中：可抵扣增值税金额	0.794			0.794
	其中：施工费	0.877	11.650	0.805	0.072

表 7-3　　　　　　　　　　　　典型方案 C2-1 安装工程专业汇总表　　　　　　　　　　金额单位：元

序号	工程或费用名称	安装工程费			设备购置费	合计
		未计价材料费	安装费	小计		
	安装工程	4250	6245	10494	55081	65575
	配电站、开关站安装工程	4250	6245	10494	55081	65575
一	主要生产工程	4250	6245	10494	55081	65575
1	配电站、开关站	4250	6245	10494	55081	65575
1.2	配电装置	275	2945	3220	54630	57850
1.2.1	10kV（20kV）配电装置	275	2945	3220	54630	57850
1.6	站用电缆	3975	1590	5565	451	6016
1.6.1	电力电缆		1169	1169	451	1620
1.6.2	控制电缆		286	286		286
1.6.3	电缆辅助设施	3975	135	4110		4110
1.8	调试与试验		1710	1710		1710
1.8.1	分系统调试		1710	1710		1710
	合计	4250	6245	10494	55081	65575

表7-4　　　　　　　　　　典型方案C2-1建筑工程专业汇总表　　　　　　　金额单位：元

序号	工程或费用名称	建筑设备购置费	未计价材料费	建筑费	建筑工程费合计
	建筑工程		384	869	1253
	配电站、开关站建筑工程		384	869	1253
一	主要生产工程		384	869	1253
1	配电站、开关站		384	869	1253
1.1	一般土建		384	869	1253
	合计		384	869	1253

表7-5　　　　　　　　　　典型方案C2-1拆除工程专业汇总表　　　　　　　金额单位：元

序号	工程或费用名称	拆除工程费
	拆除工程	1277
	建筑拆除	517
	配电站、开关站建筑工程	517
一	主要生产工程	517
1	配电站、开关站	517
1.1	一般土建	517
	安装拆除	760
	配电站、开关站安装工程	760
一	主要生产工程	760
1	配电站、开关站	760
1.2	配电装置	627
1.2.1	10kV（20kV）配电装置	627
1.6	站用电缆	132
1.6.1	电力电缆	132
	合计	1277

表7-6　　　　　　　　　　典型方案C2-1其他费用估算表　　　　　　　金额单位：元

序号	工程或费用项目名称	编制依据及计算说明	合价
2	项目管理费		1027
2.1	管理经费	（建筑工程费+安装工程费+拆除工程费）×3.530%	460
2.2	招标费	（建筑工程费+安装工程费+拆除工程费）×1.267%	165
2.3	工程监理费	（建筑工程费+安装工程费+拆除工程费）×3.087%	402
3	项目技术服务费		6156
3.1	前期工作费	（建筑工程费+安装工程费）×2.135%	251

续表

序号	工程或费用项目名称	编制依据及计算说明	合价
3.3	工程勘察设计费		5496
3.3.2	设计费	设计费×100%	5496
3.4	设计文件评审费		340
3.4.1	初步设计文件评审费	基本设计费×3.500%	163
3.4.2	施工图文件评审费	基本设计费×3.800%	177
3.5	施工过程造价咨询及竣工结算审核费	变电：（建筑工程费＋安装工程费＋拆除工程费）×0.530%； 线路：（建筑工程费＋安装工程费＋拆除工程费）×0.380%	69
	合计		7183

7.1.4 典型方案电气设备材料表

典型方案 C2-1 电气设备材料表见表 7-7。

表 7-7　　　　　典型方案 C2-1 电气设备材料表

序号	设备或材料名称	单位	数量	备注
	安装工程			
	配电站、开关站安装工程			
一	主要生产工程			
1	配电站、开关站			
1.2	配电装置			
1.2.1	10kV（20kV）配电装置			
500002571	高压开关柜，AC10kV，进线开关柜，小车式，1250A，25kA，真空	台	1	
500010829	槽钢，#12	kg	30	
1.6	站用电缆			
1.6.1	电力电缆			
500021117	10kV 电缆终端，3×400，户内终端，冷缩，铜	套	1	
1.6.3	电缆辅助设施			
500011738	防火堵料	kg	5	
500011727	防火涂料	kg	5	

7.1.5 典型方案工程量表

典型方案 C2-1 工程量见表 7-8。

表 7-8 典型方案 C2-1 工程量表

序号	项目名称	单位	数量	备注
	建筑工程			
	配电站、开关站建筑工程			
一	主要生产工程			
1	配电站、开关站			
1.1	一般土建			
JGT1-11	人工施工土方 基坑土方 挖深2m以内	m^3	1.824	
JGT2-15	其他设备基础 单体小于$50m^3$	m^3	1.088	
	安装工程			
	配电站、开关站安装工程			
一	主要生产工程			
1	配电站、开关站			
1.2	配电装置			
1.2.1	10kV（20kV）配电装置			
JGD2-234	20kV以下配电柜 附真空断路器柜	台	1	
1.6	站用电缆			
1.6.1	电力电缆			
JGL3-23	10kV电缆终端制作安装 户外截面（mm^2）400以内	套/三相	1	
1.6.2	控制电缆			
JYD7-104	控制电缆终端头制作安装 芯数（以内）14	个	2	
JYD7-103	控制电缆终端头制作安装 芯数（以内）6	个	1	
1.6.3	电缆辅助设施			
JGD7-10	电缆防火安装 防火堵料	t	0.005	
JGD7-11	电缆防火安装 防火涂料	t	0.005	
1.8	调试与试验			
1.8.1	分系统调试			
JGS3-5	配电装置系统 10kV 断路器	间隔	1	
	拆除工程			
	建筑拆除			
	配电站、开关站建筑工程			
一	主要生产工程			
1	配电站、开关站			

续表

序号	项目名称	单位	数量	备注
1.1	一般土建			
调 CYT3－15 R×1.3	现浇混凝土　拆除钢筋混凝土　设备基础	m^3	1.088	
	安装拆除			
	配电站、开关站安装工程			
一	主要生产工程			
1	配电站、开关站			
1.2	配电装置			
1.2.1	10kV（20kV）配电装置			
CYD2－254	20kV以下成套高压配电柜拆除　附断路器柜	台	1	
1.6	站用电缆			
1.6.1	电力电缆			
CYD10－86	户内电缆终端头拆除　截面积（mm^2以内）400	个	1	

第8章 更换低压开关柜

<典型方案说明>

更换低压开关柜典型方案共 1 个，内容包括拆除原有低压开关柜及基础，新建基础，安装、调试设备及更换电缆头，完善与开关柜相关的防火、防小动物等设施。不涉及系统通信专业、系统远动专业的具体内容。本典型方案工作范围包含低压开关柜本体更换，及开关柜更换时对应的电缆拆接，不考虑进出线电缆更换。

8.1 C3-1 更换低压开关柜

8.1.1 典型方案主要内容

本典型方案为更换 1 台低压开关柜，内容包括将原有低压开关柜更换为抽屉柜 1 面，新建基础，安装、调试，与开关柜相关的防火、防小动物等设施；本方案为常规区域内（非配网自动化覆盖区域）的设备更换，不考虑配网自动化系统相关接入调试工作及对应费用及开关柜更换时对应的电缆拆接，不考虑进出线电缆更换。

8.1.2 典型方案主要技术条件

典型方案 C3-1 主要技术条件见表 8-1。

表 8-1   典型方案 C3-1 主要技术条件

方案名称	工程主要技术条件	
更换低压开关柜	开关柜结构	抽屉式
	电压等级（V）	380
	主母线电流（A）	2500
	额定短时耐受电流（kA）	65
	主要设备选型	框架式断路器

8.1.3 典型方案估算书

估算投资为总投资，编制依据按第 3 章要求。典型方案 C3-1 估算书包括总估算汇总表、安装工程专业汇总表、建筑工程专业汇总表、拆除工程专业汇总表、其他费用估算表，分别见表 8-2～表 8-6。

表 8-2   典型方案 C3-1 总估算汇总表   金额单位：万元

序号	工程或费用名称	含税金额	占工程投资的比例（%）	不含税金额	可抵扣增值税金额
一	建筑工程费	0.076	0.920	0.070	0.006

续表

序号	工程或费用名称	含税金额	占工程投资的比例（%）	不含税金额	可抵扣增值税金额
二	安装工程费	0.542	6.570	0.484	0.058
三	拆除工程费	0.137	1.660	0.126	0.011
四	设备购置费	6.875	83.360	6.086	0.789
	其中：编制基准期价差	0.008	0.100	0.008	
五	小计	7.630	92.520	6.766	0.864
	其中：甲供设备材料费	7.291	88.410	6.454	0.837
六	其他费用	0.617	7.480	0.582	0.035
七	基本预备费				
八	特殊项目				
九	工程投资合计	8.247	100	7.348	0.899
	其中：可抵扣增值税金额	0.899			0.899
	其中：施工费	0.339	4.110	0.311	0.028

表8-3　　　　　　　　　典型方案C3-1安装工程专业汇总表　　　　　　　　金额单位：元

序号	工程或费用名称	安装工程费			设备购置费	合计
		未计价材料费	安装费	小计		
	安装工程	4158	1266	5424	68749	74173
	配电站、开关站安装工程	4158	1266	5424	68749	74173
一	主要生产工程	4158	1266	5424	68749	74173
1	配电站、开关站	4158	1266	5424	68749	74173
1.2	配电装置	183	810	993	68749	69742
1.2.2	1kV以下配电装置	183	810	993	68749	69742
1.6	站用电缆	3975	135	4110		4110
1.6.3	电缆辅助设施	3975	135	4110		4110
1.8	调试与试验		321	321		321
1.8.1	分系统调试		321	321		321
	合计	4158	1266	5424	68749	74173

表8-4　　　　　　　　　典型方案C3-1建筑工程专业汇总表　　　　　　　　金额单位：元

序号	工程或费用名称	建筑设备购置费	未计价材料费	建筑费	建筑工程费合计
	建筑工程		226	531	757
	配电站、开关站建筑工程		226	531	757

续表

序号	工程或费用名称	建筑设备购置费	未计价材料费	建筑费	建筑工程费合计
一	主要生产工程		226	531	757
1	配电站、开关站		226	531	757
1.1	一般土建		226	531	757
	合计		226	531	757

表8-5　　　　典型方案C3-1拆除工程专业汇总表　　　　金额单位：元

序号	工程或费用名称	拆除工程费
	拆除工程	1365
	建筑拆除	304
	配电站、开关站建筑工程	304
一	主要生产工程	304
1	配电站、开关站	304
1.1	一般土建	304
	安装拆除	1061
	配电站、开关站安装工程	1061
一	主要生产工程	1061
1	配电站、开关站	1061
1.2	配电装置	1061
1.2.2	1kV以下配电装置	1061
	合计	1365

表8-6　　　　典型方案C3-1其他费用估算表　　　　金额单位：元

序号	工程或费用项目名称	编制依据及计算说明	合价
2	项目管理费		595
2.1	管理经费	（建筑工程费＋安装工程费＋拆除工程费）×3.530%	266
2.2	招标费	（建筑工程费＋安装工程费＋拆除工程费）×1.267%	96
2.3	工程监理费	（建筑工程费＋安装工程费＋拆除工程费）×3.087%	233
3	项目技术服务费		5570
3.1	前期工作费	（建筑工程费＋安装工程费）×2.135%	132
3.3	工程勘察设计费		5084
3.3.2	设计费	设计费×100%	5084
3.4	设计文件评审费		315
3.4.1	初步设计文件评审费	基本设计费×3.500%	151

续表

序号	工程或费用项目名称	编制依据及计算说明	合价
3.4.2	施工图文件评审费	基本设计费×3.800%	164
3.5	施工过程造价咨询及竣工结算审核费	变电：（建筑工程费＋安装工程费＋拆除工程费）×0.530%；线路：（建筑工程费＋安装工程费＋拆除工程费）×0.380%	40
	合计		6165

8.1.4 典型方案电气设备材料表

典型方案 C3-1 电气设备材料表见表 8-7。

表 8-7　　　　典型方案 C3-1 电气设备材料表

序号	设备或材料名称	单位	数量	备注
	安装工程			
	配电站、开关站安装工程			
一	主要生产工程			
1	配电站、开关站			
1.2	配电装置			
1.2.2	1kV 以下配电装置			
500006630	低压开关柜，AC380V，抽屉式，进线，2500A，65kA	台	1	
500010829	槽钢，#12	kg	20	
1.6	站用电缆			
1.6.3	电缆辅助设施			
500011738	防火堵料	kg	5	
500011727	防火涂料	kg	5	

8.1.5 典型方案工程量表

典型方案 C3-1 工程量见表 8-8。

表 8-8　　　　典型方案 C3-1 工程量表

序号	项目名称	单位	数量	备注
	建筑工程			
	配电站、开关站建筑工程			
一	主要生产工程			
1	配电站、开关站			

续表

序号	项目名称	单位	数量	备注
1.1	一般土建			
JGT1-11	人工施工土方 基坑土方 挖深2m以内	m³	1.344	
JGT2-15	其他设备基础 单体小于50m³	m³	0.640	
	安装工程			
	配电站、开关站安装工程			
一	主要生产工程			
1	配电站、开关站			
1.2	配电装置			
1.2.2	1kV以下配电装置			
JGD5-27	低压电器设备安装 成套低压开关柜	台	1	
1.6	站用电缆			
1.6.3	电缆辅助设施			
JGD7-10	电缆防火安装 防火堵料	t	0.005	
JGD7-11	电缆防火安装 防火涂料	t	0.005	
1.8	调试与试验			
1.8.1	分系统调试			
JGS3-3	配电装置系统 1kV以下 配继电保护	间隔	1	
	拆除工程			
	建筑拆除			
	配电站、开关站建筑工程			
一	主要生产工程			
1	配电站、开关站			
1.1	一般土建			
调CYT3-15 R×1.3	现浇混凝土 拆除钢筋混凝土 设备基础	m³	0.640	
	安装拆除			
	配电站、开关站安装工程			
一	主要生产工程			
1	配电站、开关站			
1.2	配电装置			
1.2.2	1kV以下配电装置			
CYD5-17	交直流屏柜拆除 低压电器设备 成套低压开关柜	台	1	

第 9 章　更换配电自动化终端

> **典型方案说明**
>
> 更换配电终端典型方案共 4 个，按照功能分为 DTU、TTU、FTU 和故障指示器。所有典型方案的工作范围包括拆除原有配电终端设备及基础，新建基础，安装设备、调试设备，完善 DTU 柜相关的防火、防小动物等设施。

9.1　C4-1 更换 DTU 柜

9.1.1　典型方案主要内容

本典型方案为更换 1 台 DTU 柜，内容包括拆除原有 DTU 柜及基础，新建基础，安装、调试，与 DTU 柜相关的防火、防小动物等设施。不考虑配套二次电缆更换。

9.1.2　典型方案主要技术条件

典型方案 C4-1 主要技术条件见表 9-1。

表 9-1　典型方案 C4-1 主要技术条件

方案名称	工程主要技术条件	
更换 DTU 柜	开关柜结构	组屏式
	通信功能	三遥
	间隔数	16 间隔

9.1.3　典型方案估算书

估算投资为总投资，编制依据按第 3 章要求。典型方案 C4-1 估算书包括总估算汇总表、安装工程专业汇总表、建筑工程专业汇总表、拆除工程专业汇总表、其他费用估算表，分别见表 9-2～表 9-6。

表 9-2　典型方案 C4-1 总估算汇总表　　　　金额单位：万元

序号	工程或费用名称	含税金额	占工程投资的比例（%）	不含税金额	可抵扣增值税金额
一	建筑工程费	0.061	0.980	0.056	0.005
二	安装工程费	0.890	14.230	0.816	0.074
三	拆除工程费	0.131	2.090	0.120	0.011
四	设备购置费	4.580	73.210	4.054	0.526
	其中：编制基准期价差	0.029	0.460	0.029	
五	小计	5.662	90.510	5.046	0.616

续表

序号	工程或费用名称	含税金额	占工程投资的比例（%）	不含税金额	可抵扣增值税金额
	其中：甲供设备材料费	4.591	73.390	4.064	0.527
六	其他费用	0.594	9.490	0.560	0.034
七	基本预备费				
八	特殊项目				
九	工程投资合计	6.256	100	5.606	0.650
	其中：可抵扣增值税金额	0.650			0.650
	其中：施工费	1.071	17.120	0.983	0.088

表 9-3　　　　　　　　　　典型方案 C4-1 安装工程专业汇总表　　　　　　　　　金额单位：元

序号	工程或费用名称	安装工程费			设备购置费	合计
		未计价材料费	安装费	小计		
	安装工程	110	8788	8898	45801	54698
	配电站、开关站安装工程	110	8788	8898	45801	54698
一	主要生产工程	110	8788	8898	45801	54698
1	配电站、开关站	110	8788	8898	45801	54698
1.6	站用电缆	110	4707	4817		4817
1.6.2	控制电缆		4572	4572		4572
1.6.3	电缆辅助设施	110	135	245		245
1.8	调试与试验		1149	1149		1149
1.8.1	分系统调试		1149	1149		1149
1.10	自动化系统		2932	2932	45801	48732
	合计	110	8788	8898	45801	54698

表 9-4　　　　　　　　　　典型方案 C4-1 建筑工程专业汇总表　　　　　　　　　金额单位：元

序号	工程或费用名称	建筑设备购置费	未计价材料费	建筑费	建筑工程费合计
	建筑工程		181	430	611
	配电站、开关站建筑工程		181	430	611
一	主要生产工程		181	430	611
1	配电站、开关站		181	430	611
1.1	一般土建		181	430	611
	合计		181	430	611

表 9-5　　　　　典型方案 C4-1 拆除工程专业汇总表　　　　　金额单位：元

序号	工程或费用名称	拆除工程费
	拆除工程	1311
	建筑拆除	243
	配电站、开关站建筑工程	243
一	主要生产工程	243
1	配电站、开关站	243
1.1	一般土建	243
	安装拆除	1068
	配电站、开关站安装工程	1068
一	主要生产工程	1068
1	配电站、开关站	1068
1.10	自动化系统	1068
	合计	1311

表 9-6　　　　　典型方案 C4-1 其他费用估算表　　　　　金额单位：元

序号	工程或费用项目名称	编制依据及计算说明	合价
2	项目管理费		853
2.1	管理经费	（建筑工程费+安装工程费+拆除工程费）×3.530%	382
2.2	招标费	（建筑工程费+安装工程费+拆除工程费）×1.267%	137
2.3	工程监理费	（建筑工程费+安装工程费+拆除工程费）×3.087%	334
3	项目技术服务费		5091
3.1	前期工作费	（建筑工程费+安装工程费）×2.135%	203
3.3	工程勘察设计费		4549
3.3.2	设计费	设计费×100%	4549
3.4	设计文件评审费		281
3.4.1	初步设计文件评审费	基本设计费×3.500%	135
3.4.2	施工图文件评审费	基本设计费×3.800%	146
3.5	施工过程造价咨询及竣工结算审核费	变电：（建筑工程费+安装工程费+拆除工程费）×0.530%； 线路：（建筑工程费+安装工程费+拆除工程费）×0.380%	57
	合计		5944

9.1.4　典型方案电气设备材料表

典型方案 C4-1 电气设备材料表见表 9-7。

表9-7　　　　　　　　　　　典型方案C4-1电气设备材料表

序号	设备或材料名称	单位	数量	备注
	安装工程			
	配电站、开关站安装工程			
一	主要生产工程			
1	配电站、开关站			
1.6	站用电缆			
1.6.3	电缆辅助设施			
500011738	防火堵料	kg	5	
500011727	防火涂料	kg	5	
1.10	配电自动化			
500082249	配电终端，站所终端（DTU）	套	1	

9.1.5 典型方案工程量表

典型方案C4-1工程量见表9-8。

表9-8　　　　　　　　　　　典型方案C4-1工程量表

序号	项目名称	单位	数量	备注
	建筑工程			
	配电站、开关站建筑工程			
一	主要生产工程			
1	配电站、开关站			
1.1	一般土建			
JGT1-11	人工施工土方　基坑土方　挖深2m以内	m^3	1.152	
JGT2-15	其他设备基础　单体小于$50m^3$	m^3	0.512	
	安装工程			
	配电站、开关站安装工程			
一	主要生产工程			
1	配电站、开关站			
1.6	站用电缆			
1.6.2	控制电缆			
JYD7-104	控制电缆终端头制作安装　芯数（以内）14	个	32	
JYD7-103	控制电缆终端头制作安装　芯数（以内）6	个	16	
1.6.3	电缆辅助设施			
JGD7-10	电缆防火安装　防火堵料	t	0.005	

续表

序号	项目名称	单位	数量	备注
JGD7-11	电缆防火安装 防火涂料	t	0.005	
1.8	调试与试验			
1.8.1	分系统调试			
JGS3-15	配网自动化系统 主（子）站与终端联调 线路回路 20 以内	台	1	
1.10	自动化系统			
JGD4-1	控制、保护屏柜安装 控制屏柜	块	1	
	拆除工程			
	建筑拆除			
	配电站、开关站建筑工程			
一	主要生产工程			
1	配电站、开关站			
1.1	一般土建			
调CYT3-15 R×1.3	现浇混凝土 拆除钢筋混凝土 设备基础	m³	0.307	
	安装拆除			
	配电站、开关站安装工程			
一	主要生产工程			
1	配电站、开关站			
1.10	配电装置			
CYD4-1	控制保护屏拆除 保护二次屏（柜）	台	1	

9.2 C4-2 更换TTU

9.2.1 典型方案主要内容

本典型方案为更换 1 台 TTU 终端，工作范围包括拆除原有 TTU 终端，安装、调试设备，完善 TTU 终端相关的防火、防小动物等设施。不考虑配套二次电缆更换。

9.2.2 典型方案主要技术条件

典型方案 C4-2 主要技术条件见表 9-9。

表 9-9 典型方案 C4-2 主要技术条件

方案名称	工程主要技术条件	
更换 TTU 柜	开关柜结构	壁挂式
	通信功能	二遥

9.2.3 典型方案估算书

估算投资为总投资,编制依据按第 3 章要求。典型方案 C4-2 估算书包括总估算汇总表、安装工程专业汇总表、拆除工程专业汇总表、其他费用估算表,分别见表 9-10~表 9-13。

表 9-10　　　　　　　　　典型方案 C4-2 总估算汇总表　　　　　　　金额单位:万元

序号	工程或费用名称	含税金额	占工程投资的比例(%)	不含税金额	可抵扣增值税金额
一	建筑工程费				
二	安装工程费	0.168	13.730	0.153	0.015
三	拆除工程费	0.038	3.100	0.035	0.003
四	设备购置费	0.895	73.120	0.792	0.103
	其中:编制基准期价差	0.005	0.410	0.005	
五	小计	1.101	89.950	0.980	0.121
	其中:甲供设备材料费	0.928	75.820	0.821	0.107
六	其他费用	0.123	10.050	0.116	0.007
七	基本预备费				
八	特殊项目				
九	工程投资合计	1.224	100	1.096	0.128
	其中:可抵扣增值税金额	0.128			0.128
	其中:施工费	0.173	14.130	0.159	0.014

表 9-11　　　　　　　　　典型方案 C4-2 安装工程专业汇总表　　　　　　　金额单位:元

序号	工程或费用名称	安装工程费			设备购置费	合计
		未计价材料费	安装费	小计		
	安装工程	332	1344	1676	8949	10626
	配电站、开关站安装工程	332	1344	1676	8949	10626
一	主要生产工程	332	1344	1676	8949	10626
1	配电站、开关站	332	1344	1676	8949	10626
1.6	站用电缆	332	242	574		574
1.6.2	控制电缆	222	107	329		329
1.6.3	电缆辅助设施	110	135	245		245
1.8	调试与试验		483	483		483
1.8.1	分系统调试		483	483		483
1.10	自动化系统		619	619	8949	9568
	合计	332	1344	1676	8949	10626

表 9-12　　典型方案 C4-2 拆除工程专业汇总表　　金额单位：元

序号	工程或费用名称	拆除工程费
	拆除工程	381
	安装拆除	381
	配电站、开关站安装工程	381
一	主要生产工程	381
1	配电站、开关站	381
1.10	自动化系统	381
	合计	381

表 9-13　　典型方案 C4-2 其他费用估算表　　金额单位：元

序号	工程或费用项目名称	编制依据及计算说明	合价
2	项目管理费		162
2.1	管理经费	（建筑工程费+安装工程费+拆除工程费）×3.530%	73
2.2	招标费	（建筑工程费+安装工程费+拆除工程费）×1.267%	26
2.3	工程监理费	（建筑工程费+安装工程费+拆除工程费）×3.087%	64
3	项目技术服务费		1067
3.1	前期工作费	（建筑工程费+安装工程费）×2.135%	36
3.3	工程勘察设计费		874
3.3.2	设计费	设计费×100%	874
3.4	设计文件评审费		146
3.4.1	初步设计文件评审费	基本设计费×3.500%	70
3.4.2	施工图文件评审费	基本设计费×3.800%	76
3.5	施工过程造价咨询及竣工结算审核费	变电：（建筑工程费+安装工程费+拆除工程费）×0.530%； 线路：（建筑工程费+安装工程费+拆除工程费）×0.380%	11
	合计		1229

9.2.4　典型方案电气设备材料表

典型方案 C4-2 电气设备材料表见表 9-14。

表 9-14　　典型方案 C4-2 电气设备材料表

序号	设备或材料名称	单位	数量	备注
	安装工程			
	配电站、开关站安装工程			
一	主要生产工程			
1	配电站、开关站			

续表

序号	设备或材料名称	单位	数量	备注
1.6	站用电缆			
1.6.2	控制电缆			
500076220	控制电缆，KVVP2，2.5，7，ZRA，22	m	10	
1.6.3	电缆辅助设施			
500011738	防火堵料	kg	5	
500011727	防火涂料	kg	5	
1.10	配电自动化			
500082251	配电终端，配变终端（TTU）	套	1	

9.2.5 典型方案工程量表

典型方案 C4-2 工程量见表 9-15。

表 9-15　　　　　典型方案 C4-2 工程量表

序号	项目名称	单位	数量	备注
	安装工程			
	配电站、开关站安装工程			
一	主要生产工程			
1	配电站、开关站			
1.6	站用电缆			
1.6.2	控制电缆			
JGD7-3	全站电缆敷设　控制电缆　全站	100m	0.100	
1.6.3	电缆辅助设施			
JGD7-10	电缆防火安装　防火堵料	t	0.005	
JGD7-11	电缆防火安装　防火涂料	t	0.005	
1.8	调试与试验			
1.8.1	分系统调试			
JGS3-12	配网自动化系统　主（子）站与终端联调　线路回路　2以内	台	1	
1.10	自动化系统			
JYD4-11	成套装置安装　数字化智能终端	个	1	
	拆除工程			
	安装拆除			
	配电站、开关站安装工程			

续表

序号	项目名称	单位	数量	备注
一	主要生产工程			
1	配电站、开关站			
1.10	自动化系统			
CYD4-11	数字化变电站二次设备拆除　数字化智能终端	台	1	

9.3　C4-3 更换 FTU

9.3.1　典型方案主要内容

本典型方案为更换 1 台 FTU，内容包括拆除原有 FTU，安装、调试。不考虑配套二次电缆更换。

9.3.2　典型方案主要技术条件

典型方案 C4-3 主要技术条件见表 9-16。

表 9-16　　　　　　典型方案 C4-3 主要技术条件

方案名称	工程主要技术条件	
更换 FTU	额定电压	220V
	额定电流	1A
	通信功能	三遥
	安装场所	户外

9.3.3　典型方案估算书

估算投资为总投资，编制依据按第 3 章要求。典型方案 C4-3 估算书包括总估算汇总表、安装工程专业汇总表、拆除工程专业汇总表、其他费用估算表，分别见表 9-17～表 9-20。

表 9-17　　　　典型方案 C4-3 总估算汇总表　　　　金额单位：万元

序号	工程或费用名称	含税金额	占工程投资的比例（%）	不含税金额	可抵扣增值税金额
一	建筑工程费				
二	安装工程费	0.217	18.300	0.199	0.018
三	拆除工程费	0.019	1.600	0.017	0.002
四	设备购置费	0.826	69.650	0.731	0.095
	其中：编制基准期价差	0.006	0.510	0.006	
五	小计	1.062	89.540	0.947	0.115
	其中：甲供设备材料费	0.826	69.650	0.731	0.095

续表

序号	工程或费用名称	含税金额	占工程投资的比例（%）	不含税金额	可抵扣增值税金额
六	其他费用	0.124	10.460	0.117	0.007
七	基本预备费				
八	特殊项目				
九	工程投资合计	1.186	100	1.064	0.122
	其中：可抵扣增值税金额	0.122			0.122
	其中：施工费	0.236	19.900	0.217	0.019

表 9-18　　　　　　　　　典型方案 C4-3 安装工程专业汇总表　　　　　　金额单位：元

序号	工程或费用名称	安装工程费			设备购置费	合计
		未计价材料费	安装费	小计		
	安装工程		2169	2169	8257	10426
	架空输电线路安装工程		2169	2169	8257	10426
一	架空线路本体工程		2169	2169	8257	10426
5	杆上变配电装置		2169	2169	8257	10426
5.2	变配电装置安装		1700	1700	8257	9957
5.3	变配电装置调试		469	469		469
	合计		2169	2169	8257	10426

表 9-19　　　　　　　　　典型方案 C4-3 拆除工程专业汇总表　　　　　　金额单位：元

序号	工程或费用名称	拆除工程费
	拆除工程	191
	安装拆除	191
	架空输电线路拆除工程	191
一	架空线路本体工程	191
5	杆上变配电装置	191
5.2	变配电装置安装	191
	合计	191

表 9-20　　　　　　　　　典型方案 C4-3 其他费用估算表　　　　　　金额单位：元

序号	工程或费用项目名称	编制依据及计算说明	合价
2	项目管理费		186
2.1	管理经费	（建筑工程费+安装工程费+拆除工程费）×3.530%	83
2.2	招标费	（建筑工程费+安装工程费+拆除工程费）×1.267%	30

续表

序号	工程或费用项目名称	编制依据及计算说明	合价
2.3	工程监理费	（建筑工程费+安装工程费+拆除工程费）×3.087%	73
3	项目技术服务费		1059
3.1	前期工作费	（建筑工程费+安装工程费）×2.135%	46
3.3	工程勘察设计费		858
3.3.2	设计费	设计费×100%	858
3.4	设计文件评审费		146
3.4.1	初步设计文件评审费	基本设计费×3.500%	70
3.4.2	施工图文件评审费	基本设计费×3.800%	76
3.5	施工过程造价咨询及竣工结算审核费	变电：（建筑工程费+安装工程费+拆除工程费）×0.530%；线路：（建筑工程费+安装工程费+拆除工程费）×0.380%	9
	合计		1245

9.3.4 典型方案电气设备材料表

典型方案 C4-3 电气设备材料表见表 9-21。

表 9-21　　典型方案 C4-3 电气设备材料表

序号	设备或材料名称	单位	数量	备注
	安装工程			
	架空输电线路安装工程			
一	架空线路本体工程			
5	杆上变配电装置			
5.2	变配电装置安装			
500082246	配电终端，馈线终端（FTU）	台	1	

9.3.5 典型方案工程量表

典型方案 C4-3 工程量见表 9-22。

表 9-22　　典型方案 C4-3 工程量表

序号	项目名称	单位	数量	备注
	安装工程			
	架空输电线路安装工程			
一	架空线路本体工程			
5	杆上变配电装置			
5.2	变配电装置安装			

续表

序号	项目名称	单位	数量	备注
JYX7-21	配电装置安装 馈线终端（FTU）	台	1	
5.3	变配电装置调试			
JGS3-12	配网自动化系统 主（子）站与终端联调 线路回路 2以内	台	1	
	拆除工程			
	安装拆除			
	架空输电线路拆除工程			
一	架空线路本体工程			
5	杆上变配电装置			
5.2	变配电装置安装			
CYX5-14	杆上配电装置拆除 变压器综合监测仪	台	1	

9.4 C4-4 更换故障指示器

9.4.1 典型方案主要内容

本典型方案为更换1套（3只）故障指示器，内容包括拆除原有故障指示器，安装、调试。不考虑配套二次电缆更换。

9.4.2 典型方案主要技术条件

典型方案C4-4主要技术条件见表9-23。

表9-23　　　　　　　　典型方案C4-4主要技术条件

方案名称	工程主要技术条件	
更换故障指示器	线路电压	10kV
	通信功能	二遥
	安装场所	户外

9.4.3 典型方案估算书

估算投资为总投资，编制依据按第3章要求。典型方案C4-4估算书包括总估算汇总表、安装工程专业汇总表、拆除工程专业汇总表、其他费用估算表，分别见表9-24～表9-27。

表9-24　　　　　　　　典型方案C4-4总估算汇总表　　　　　　　金额单位：万元

序号	工程或费用名称	含税金额	占工程投资的比例（%）	不含税金额	可抵扣增值税金额
一	建筑工程费				

续表

序号	工程或费用名称	含税金额	占工程投资的比例（%）	不含税金额	可抵扣增值税金额
二	安装工程费	0.871	83.030	0.778	0.093
三	拆除工程费	0.001	0.100	0.001	
四	设备购置费				
	其中：编制基准期价差	0.006	0.570	0.006	
五	小计	0.872	83.130	0.779	0.093
	其中：甲供设备材料费	0.650	61.960	0.575	0.075
六	其他费用	0.177	16.870	0.167	0.010
七	基本预备费				
八	特殊项目				
九	工程投资合计	1.049	100	0.946	0.103
	其中：可抵扣增值税金额	0.103			0.103
	其中：施工费	0.222	21.160	0.204	0.018

表 9-25　　典型方案 C4-4 安装工程专业汇总表　　金额单位：元

序号	工程或费用名称	安装工程费			设备购置费	合计
		未计价材料费	安装费	小计		
	安装工程	6500	2212	8712		8712
	架空输电线路安装工程	6500	2212	8712		8712
一	架空线路本体工程	6500	2212	8712		8712
5	杆上变配电装置	6500	2212	8712		8712
5.2	变配电装置安装	6500	1743	8243		8243
5.3	变配电装置调试		469	469		469
	合计	6500	2212	8712		8712

表 9-26　　典型方案 C4-4 拆除工程专业汇总表　　金额单位：元

序号	工程或费用名称	拆除工程费
	拆除工程	9
	安装拆除	9
	架空输电线路拆除工程	9
一	架空线路本体工程	9
5	杆上变配电装置	9
5.2	变配电装置安装	9
	合计	9

表 9-27　　　　　　　　　　　典型方案 C4-4 其他费用估算表　　　　　　　　金额单位：元

序号	工程或费用项目名称	编制依据及计算说明	合价
2	项目管理费		688
2.1	管理经费	（建筑工程费+安装工程费+拆除工程费）×3.530%	308
2.2	招标费	（建筑工程费+安装工程费+拆除工程费）×1.267%	111
2.3	工程监理费	（建筑工程费+安装工程费+拆除工程费）×3.087%	269
3	项目技术服务费		1082
3.1	前期工作费	（建筑工程费+安装工程费）×2.135%	186
3.3	工程勘察设计费		717
3.3.2	设计费	设计费×100%	717
3.4	设计文件评审费		146
3.4.1	初步设计文件评审费	基本设计费×3.500%	70
3.4.2	施工图文件评审费	基本设计费×3.800%	76
3.5	施工过程造价咨询及竣工结算审核费	变电：（建筑工程费+安装工程费+拆除工程费）×0.530%； 线路：（建筑工程费+安装工程费+拆除工程费）×0.380%	33
	合计		1769

9.4.4　典型方案电气设备材料表

典型方案 C4-4 电气设备材料表见表 9-28。

表 9-28　　　　　　　　　　　典型方案 C4-4 电气设备材料表

序号	设备或材料名称	单位	数量	备注
	安装工程			
	架空输电线路安装工程			
一	架空线路本体工程			
5	杆上变配电装置			
5.2	变配电装置安装			
500009956	线路故障指示器	套	1	

9.4.5　典型方案工程量表

典型方案 C4-4 工程量见表 9-29。

表 9-29　　　　　　　　　　　典型方案 C4-4 工程量表

序号	项目名称	单位	数量	备注
	安装工程			
	架空输电线路安装工程			

续表

序号	项目名称	单位	数量	备注
一	架空线路本体工程			
5	杆上变配电装置			
5.2	变配电装置安装			
JYX7-20	配电装置安装 线路故障指示器	只	3	
JYX7-21	配电装置安装 馈线终端（FTU）	台	1	
5.3	变配电装置调试			
JGS3-12	配网自动化系统 主（子）站与终端联调 线路回路 2以内	系统	1	
	拆除工程			
	安装拆除			
	架空输电线路拆除工程			
一	架空线路本体工程			
5	杆上变配电装置			
5.2	变配电装置安装			
CYX5-20	杆上配电装置拆除 线路故障指示器	只	3	

第 10 章 更 换 直 流 屏

> **典型方案说明**
>
> 更换直流屏典型方案共 1 个，本典型方案工作范围包括拆除原有直流屏及基础，新建基础，安装、调试设备，完善与直流屏相关的防火、防小动物等设施。不考虑进出线电缆更换。

10.1 C5-1更换直流屏

10.1.1 典型方案主要内容

本典型方案为更换 1 台直流屏，内容包括拆除原有直流屏及基础，新建基础，安装、调试，与直流屏相关的防火、防小动物等设施。不考虑进出线电缆更换。

10.1.2 典型方案主要技术条件

典型方案 C5-1 主要技术条件见表 10-1。

表 10-1　　　　　　　　　典型方案 C5-1 主要技术条件

方案名称	工程主要技术条件	
更换直流屏	开关柜结构	柜式
	电压等级（V）	DC220V
	额定电流（A）	10

10.1.3 典型方案估算书

估算投资为总投资，编制依据按第 3 章要求。典型方案 C5-1 估算书包括总估算汇总表、安装工程专业汇总表、建筑工程专业汇总表、拆除工程专业汇总表、其他费用估算表，分别见表 10-2～表 10-6。

表 10-2　　　　　　　典型方案 C5-1 总估算汇总表　　　　　　　金额单位：万元

序号	工程或费用名称	含税金额	占工程投资的比例（%）	不含税金额	可抵扣增值税金额
一	建筑工程费	0.061	1.380	0.056	0.005
二	安装工程费	0.715	16.200	0.643	0.072
三	拆除工程费	0.109	2.470	0.100	0.009
四	设备购置费	3.099	70.220	2.743	0.356
	其中：编制基准期价差	0.012	0.270	0.012	
五	小计	3.984	90.280	3.542	0.4

续表

序号	工程或费用名称	含税金额	占工程投资的比例（%）	不含税金额	可抵扣增值税金额
	其中：甲供设备材料费	3.497	79.240	3.095	0.4
六	其他费用	0.4	9.720	0.4	0.024
七	基本预备费				
八	特殊项目				
九	工程投资合计	4.413	100	3.947	0.466
	其中：可抵扣增值税金额	0.466			0.466
	其中：施工费	0.487	11.040	0.447	0.040

表 10-3   典型方案 C5-1 安装工程专业汇总表   金额单位：元

序号	工程或费用名称	安装工程费			设备购置费	合计
		未计价材料费	安装费	小计		
	安装工程	3975	3172	7147	30991	38137
	配电站、开关站安装工程	3975	3172	7147	30991	38137
一	主要生产工程	3975	3172	7147	30991	38137
1	配电站、开关站	3975	3172	7147	30991	38137
1.4	直流系统		2046	2046	30915	32960
1.6	站用电缆	3975	498	4473	76	4548
1.6.1	电力电缆		363	363	76	438
1.6.3	电缆辅助设施	3975	135	4110		4110
1.8	调试与试验		628	628		628
1.8.2	整套系统调试		628	628		628
	合计	3975	3172	7147	30991	38137

表 10-4   典型方案 C5-1 建筑工程专业汇总表   金额单位：元

序号	工程或费用名称	建筑设备购置费	未计价材料费	建筑费	建筑工程费合计
	建筑工程		181	430	611
	配电站、开关站建筑工程		181	430	611
一	主要生产工程		181	430	611
1	配电站、开关站		181	430	611
1.1	一般土建		181	430	611
	合计		181	430	611

表 10-5　　　　　　　　　典型方案 C5-1 拆除工程专业汇总表　　　　　　　　金额单位：元

序号	工程或费用名称	拆除工程费
	拆除工程	1092
	建筑拆除	243
	配电站、开关站建筑工程	243
一	主要生产工程	243
1	配电站、开关站	243
1.1	一般土建	243
	安装拆除	848
	配电站、开关站安装工程	848
一	主要生产工程	848
1	配电站、开关站	848
1.4	直流系统	848
	合计	1092

表 10-6　　　　　　　　　　典型方案 C5-1 其他费用估算表　　　　　　　　　金额单位：元

序号	工程或费用项目名称	编制依据及计算说明	合价
2	项目管理费		698
2.1	管理经费	（建筑工程费+安装工程费+拆除工程费）×3.530%	312
2.2	招标费	（建筑工程费+安装工程费+拆除工程费）×1.267%	112
2.3	工程监理费	（建筑工程费+安装工程费+拆除工程费）×3.087%	273
3	项目技术服务费		3597
3.1	前期工作费	（建筑工程费+安装工程费）×2.135%	166
3.3	工程勘察设计费		3187
3.3.2	设计费	设计费×100%	3187
3.4	设计文件评审费		197
3.4.1	初步设计文件评审费	基本设计费×3.500%	95
3.4.2	施工图文件评审费	基本设计费×3.800%	103
3.5	施工过程造价咨询及竣工结算审核费	变电：（建筑工程费+安装工程费+拆除工程费）×0.530%； 线路：（建筑工程费+安装工程费+拆除工程费）×0.380%	47
	合计		4294

10.1.4　典型方案电气设备材料表

典型方案 C5-1 电气设备材料表见表 10-7。

表 10-7　　　　　　　　　典型方案 C5-1 电气设备材料表

序号	设备或材料名称	单位	数量	备注
	安装工程			
	配电站、开关站安装工程			
一	主要生产工程			
1	配电站、开关站			
1.4	直流装置			
500009105	直流馈电屏，DC220V	台	1	
1.6	站用电缆			
1.6.1	电力电缆			
500134225	1kV 电缆终端，4+1×16/10，户内终端，冷缩，铜	套	1	
1.6.3	电缆辅助设施			
500011738	防火堵料	kg	5	
500011727	防火涂料	kg	5	

10.1.5　典型方案工程量表

典型方案 C5-1 工程量见表 10-8。

表 10-8　　　　　　　　　典型方案 C5-1 工程量表

序号	项目名称	单位	数量	备注
	建筑工程			
	配电站、开关站建筑工程			
一	主要生产工程			
1	配电站、开关站			
1.1	一般土建			
JGT1-11	人工施工土方　基坑土方　挖深 2m 以内	m³	1.152	
JGT2-15	其他设备基础　单体小于 50m³	m³	0.512	
	安装工程			
	配电站、开关站安装工程			
一	主要生产工程			
1	配电站、开关站			
1.4	直流装置			
JGD5-19	交直流屏柜安装　交直流配电装置屏	台	1	
1.6	站用电缆			

续表

序号	项目名称	单位	数量	备注
1.6.1	电力电缆			
JGL3－20	1kV电缆终端制作安装 截面（mm²）120以内	个	1	
1.6.3	电缆辅助设施			
JGD7－10	电缆防火安装 防火堵料	t	0.005	
JGD7－11	电缆防火安装 防火涂料	t	0.005	
1.8	调试与试验			
1.8.2	整套系统调试			
JGS3－7	直流电源系统	系统	1	
	拆除工程			
	建筑拆除			
	配电站、开关站建筑工程			
一	主要生产工程			
1	配电站、开关站			
1.1	一般土建			
调CYT3－15 R×1.3	现浇混凝土 拆除钢筋混凝土 设备基础	m³	0.512	
	安装拆除			
	配电站、开关站安装工程			
一	主要生产工程			
1	配电站、开关站			
1.4	直流系统			
CYD5－11	交直流屏柜拆除 直流屏柜	台	1	

第11章 更换环网箱

> **典型方案说明**
>
> 更换环网箱典型方案共1个，本典型方案工作范围包括拆除原有环网箱及基础，新建基础，安装、调试设备，更换电缆头，完善与环网箱相关的防火、通风、防潮、防小动等设施。

11.1 C6-1更换二进四出环网箱

11.1.1 典型方案主要内容

本典型方案为更换1台环网箱，内容包括拆除原有环网箱及基础，新建基础，安装，调试，更换电缆头，与环网箱相关的防火、通风、防潮、防小动等设施；本方案为常规区域内（非配网自动化覆盖区域）的设备更换，不考虑配网自动化系统相关接入调试工作及对应费用。

11.1.2 典型方案主要技术条件

典型方案C6-1主要技术条件见表11-1。

表11-1　　　　典型方案C6-1主要技术条件

方案名称	工程主要技术条件	
更换二进四出环网箱	额定电压（kV）	10
	灭弧室类型	SF_6
	10kV进出线回路数	二进四出
	电气主接线	单母线接线
	设备短路电流水平	不小于20kA
	通风	自然通风

11.1.3 典型方案估算书

估算投资为总投资，编制依据按第3章要求。典型方案C6-1估算书包括总估算汇总表、安装工程专业汇总表、建筑工程专业汇总表、拆除工程专业汇总表、其他费用估算表，分别见表11-2~表11-6。

表11-2　　　　典型方案C6-1总估算汇总表　　　　金额单位：万元

序号	工程或费用名称	含税金额	占工程投资的比例（%）	不含税金额	可抵扣增值税金额
一	建筑工程费	1.555	4.830	1.427	0.128

续表

序号	工程或费用名称	含税金额	占工程投资的比例（%）	不含税金额	可抵扣增值税金额
二	安装工程费	3.352	10.420	3.047	0.305
三	拆除工程费	0.806	2.510	0.739	0.067
四	设备购置费	23.399	72.740	20.712	2.687
	其中：编制基准期价差	0.095	0.300	0.095	
五	小计	29.112	90.401	25.925	3.187
	其中：甲供设备材料费	24.267	75.430	21.480	2.787
六	其他费用	3.058	9.510	2.885	0.173
七	基本预备费				
八	特殊项目				
九	工程投资合计	32.170	100	28.810	3.360
	其中：可抵扣增值税金额	3.360			3.360
	其中：施工费	4.845	15.060	4.445	0.4

表 11-3　　　　典型方案 C6-1 安装工程专业汇总表　　　　金额单位：元

序号	工程或费用名称	安装工程费			设备购置费	合计
		未计价材料费	安装费	小计		
	安装工程	8683	24840	33523	233990	267513
	配电站、开关站安装工程	8683	24840	33523	233990	267513
一	主要生产工程	8683	24840	33523	233990	267513
1	配电站、开关站	7950	19965	27915	2034	29949
1.6	站用电缆	7950	8564	16514	2034	18548
1.6.1	电力电缆		8293	8293	2034	10327
1.6.3	电缆辅助设施	7950	270	8220		8220
1.8	调试与试验		11401	11401		11401
1.8.1	分系统调试		11401	11401		11401
2	箱式变电站（环网箱）	733	4876	5608	231956	237565
		8683	24840	33523	233990	267513
	合计	8683	24840	33523	233990	267513

表 11-4　　　　典型方案 C6-1 建筑工程专业汇总表　　　　金额单位：元

序号	工程或费用名称	建筑设备购置费	未计价材料费	建筑费	建筑工程费合计
	建筑工程		4570	10977	15546
	配电站、开关站建筑工程		4570	10977	15546

续表

序号	工程或费用名称	建筑设备购置费	未计价材料费	建筑费	建筑工程费合计
一	主要生产工程		4570	10977	15546
2	箱式变电站（环网箱）		4570	10977	15546
2.1	基础工程		4570	10977	15546
	合计		4570	10977	15546

表 11-5　　　　　　　典型方案 C6-1 拆除工程专业汇总表　　　　　　　金额单位：元

序号	工程或费用名称	拆除工程费
	拆除工程	8065
	建筑拆除	6132
	配电站、开关站建筑工程	6132
一	主要生产工程	6132
2	箱式变电站（环网箱）	6132
2.1	基础工程	6132
	安装拆除	1932
	配电站、开关站安装工程	1932
一	主要生产工程	1932
2	箱式变电站（环网箱）	1932
	合计	8065

表 11-6　　　　　　　典型方案 C6-1 其他费用估算表　　　　　　　金额单位：元

序号	工程或费用项目名称	编制依据及计算说明	合价
2	项目管理费		4504
2.1	管理经费	（建筑工程费＋安装工程费＋拆除工程费）×3.530%	2017
2.2	招标费	（建筑工程费＋安装工程费＋拆除工程费）×1.267%	724
2.3	工程监理费	（建筑工程费＋安装工程费＋拆除工程费）×3.087%	1764
3	项目技术服务费		26071
3.1	前期工作费	（建筑工程费＋安装工程费）×2.135%	1048
3.3	工程勘察设计费		23281
3.3.2	设计费	设计费×100%	23281
3.4	设计文件评审费		1440
3.4.1	初步设计文件评审费	基本设计费×3.500%	691
3.4.2	施工图文件评审费	基本设计费×3.800%	750
3.5	施工过程造价咨询及竣工结算审核费	变电：（建筑工程费＋安装工程费＋拆除工程费）×0.530%； 线路：（建筑工程费＋安装工程费＋拆除工程费）×0.380%	303
	合计		30576

11.1.4 典型方案电气设备材料表

典型方案 C6-1 电气设备材料表见表 11-7。

表 11-7　　　　　　　　　　典型方案 C6-1 电气设备材料表

序号	设备或材料名称	单位	数量	备注
	安装工程			
	配电站、开关站安装工程			
一	主要生产工程			
1	配电站、开关站			
1.6	站用电缆			
1.6.1	电力电缆			
500021117	10kV 电缆终端，3×400，户内终端，冷缩，铜	套	2	
500021057	10kV 电缆终端，3×120，户内终端，冷缩，铜	套	4	
1.6.3	电缆辅助设施			
500011738	防火堵料	kg	10	
500011727	防火涂料	kg	10	
2	箱式变电站（环网箱）			
500138329	一二次融合成套环网箱，AC10kV，630A，SF_6，二进四出	台	1	
500010829	槽钢，#12	kg	80	

11.1.5 典型方案工程量表

典型方案 C6-1 工程量见表 11-8。

表 11-8　　　　　　　　　　典型方案 C6-1 工程量表

序号	项目名称	单位	数量	备注
	建筑工程			
	配电站、开关站建筑工程			
一	主要生产工程			
2	箱式变电站（环网箱）			
2.1	基础工程			
JGT1-11	人工施工土方　基坑土方　挖深 2m 以内	m^3	28.213	
JGT1-10	人工施工土方　场地平整　土方夯填	m^3	6.068	
JGT2-15	其他设备基础　单体小于 $50m^3$	m^3	12.935	
	安装工程			
	配电站、开关站安装工程			

续表

序号	项目名称	单位	数量	备注
一	主要生产工程			
1	配电站、开关站			
1.6	站用电缆			
1.6.1	电力电缆			
JGL3−23	10kV 电缆终端制作安装 户外截面（mm²）400 以内	套/三相	2	
JGL3−22	10kV 电缆终端制作安装 户外截面（mm²）120 以内	套/三相	4	
JYD7−48	电缆敷设及试验 电力电缆试验 10kV	回路	6	
1.6.3	电缆辅助设施			
JGD7−10	电缆防火安装 防火堵料	t	0.010	
JGD7−11	电缆防火安装 防火涂料	t	0.010	
1.8	调试与试验			
1.8.1	分系统调试			
JGS3−4	配电装置系统 10kV 负荷开关	间隔	1	
JGS3−5	配电装置系统 10kV 断路器	间隔	6	
2	箱式变电站（环网箱）			
JGD2−256	20kV 以下开闭所成套装置安装 开关间隔单元 七位	台	1	
	拆除工程			
	建筑拆除			
	配电站、开关站建筑工程			
一	主要生产工程			
1	配电站、开关站			
1.1	一般土建			
调 CYT3−15 R×1.3	现浇混凝土 拆除钢筋混凝土 设备基础	m³	12.900	
	安装拆除			
	配电站、开关站安装工程			
一	主要生产工程			
2	箱式变电站（环网箱）			

续表

序号	项目名称	单位	数量	备注
CYD2-260	20kV 以下开关站成套装置拆除　开关间隔单元七位以下	台	1	
CYD10-86	户内电缆终端头拆除　截面积（mm^2 以内）400	个	2	
CYD10-84	户内电缆终端头拆除　截面积（mm^2 以内）120	个	4	

第12章　更换10kV架空线

> **典型方案说明**
>
> 更换10kV架空线路典型方案共4个，按照导线类型和截面分为120mm² 截面和240mm² 截面典型方案。所有典型方案的工作范围包含拆除旧架空导线、架设新导线。

12.1　C7-1更换钢芯铝绞线（120mm²）

12.1.1　典型方案主要内容

本典型方案为更换120mm² 截面钢芯铝绞线1km（三相），内容包括拆除旧架空导线、架设新导线。

12.1.2　典型方案主要技术条件

典型方案C7-1主要技术条件见表12-1。

表12-1　　　　　　典型方案C7-1主要技术条件

方案名称	工程主要技术条件	
更换钢芯铝绞线（120mm²）	导线类型	钢芯铝绞线
	导线型号	JL/G1A，120/20
	气象条件	覆冰5mm，最大风速25m/s
	水平档距（m）	50
	地形	100%平地
	地质	100%普土
	运距	人力0.200km；汽车20km

12.1.3　典型方案估算书

估算投资为总投资，编制依据按第3章要求。典型方案C7-1估算书包括总估算汇总表、安装工程专业汇总表、拆除工程专业汇总表、其他费用估算表，分别见表12-2～表12-5。

表12-2　　　　　典型方案C7-1总估算汇总表　　　　　金额单位：万元

序号	工程或费用名称	含税金额	占工程投资的比例（%）	不含税金额	可抵扣增值税金额
一	建筑工程费				
二	安装工程费	4.008	81.500	3.584	0.424
三	拆除工程费	0.132	2.680	0.121	0.011

续表

序号	工程或费用名称	含税金额	占工程投资的比例（%）	不含税金额	可抵扣增值税金额
四	设备购置费				
	其中：编制基准期价差	0.039	0.790	0.039	
五	小计	4.140	84.180	3.705	0.435
	其中：甲供设备材料费	2.817	57.280	2.491	0.326
六	其他费用	0.778	15.820	0.734	0.044
七	基本预备费				
八	特殊项目				
九	工程投资合计	4.918	100	4.439	0.479
	其中：可抵扣增值税金额	0.479			0.479
	其中：施工费	1.322	26.880	1.213	0.109

表12-3　　　　　　　　典型方案C7-1安装工程专业汇总表　　　　　　　金额单位：元

序号	工程或费用名称	安装工程费			设备购置费	合计
		未计价材料费	安装费	小计		
	安装工程	28171	11906	40077		40077
	架空输电线路安装工程	28171	11906	40077		40077
一	架空线路本体工程	28171	11906	40077		40077
4	架线工程	28171	11906	40077		40077
4.1	架线工程材料工地运输		500	500		500
4.2	导线架设	28171	11406	39578		39578
	合计	28171	11906	40077		40077

表12-4　　　　　　　　典型方案C7-1拆除工程专业汇总表　　　　　　　金额单位：元

序号	工程或费用名称	拆除工程费
	拆除工程	1317
	安装拆除	1317
	架空输电线路拆除工程	1317
一	架空线路本体工程	1317
4	架线工程	1317
4.2	导线架设	1317
	合计	1317

表 12-5　　　　　　　　　典型方案 C7-1 其他费用估算表　　　　　　　　金额单位：元

序号	工程或费用项目名称	编制依据及计算说明	合价
2	项目管理费		3264
2.1	管理经费	（建筑工程费+安装工程费+拆除工程费）×3.530%	1461
2.2	招标费	（建筑工程费+安装工程费+拆除工程费）×1.267%	524
2.3	工程监理费	（建筑工程费+安装工程费+拆除工程费）×3.087%	1278
3	项目技术服务费		4513
3.1	前期工作费	（建筑工程费+安装工程费）×2.135%	856
3.3	工程勘察设计费		3296
3.3.2	设计费	设计费×100%	3296
3.4	设计文件评审费		204
3.4.1	初步设计文件评审费	基本设计费×3.500%	98
3.4.2	施工图文件评审费	基本设计费×3.800%	106
3.5	施工过程造价咨询及竣工结算审核费	变电：（建筑工程费+安装工程费+拆除工程费）×0.530%； 线路：（建筑工程费+安装工程费+拆除工程费）×0.380%	157
	合计		7777

12.1.4　典型方案电气设备材料表

典型方案 C7-1 电气设备材料表见表 12-6。

表 12-6　　　　　　　　　典型方案 C7-1 电气设备材料表

序号	设备或材料名称	单位	数量	备注
	安装工程			
	架空输电线路安装工程			
一	架空线路本体工程	元/km		
4	架线工程			
4.2	导线架设			
500026691	钢芯铝绞线，JL/G1A，120/20	kg	1410	

12.1.5　典型方案工程量表

典型方案 C7-1 工程量见表 12-7。

表 12-7　　　　　　　　　典型方案 C7-1 工程量表

序号	项目名称	单位	数量	备注
	安装工程			
	架空输电线路安装工程			

续表

序号	项目名称	单位	数量	备注
一	架空线路本体工程	元/km		
4	架线工程			
4.1	架线工程材料工地运输			
JYX1-15	人力运输 线材 每件重（kg）2000以内	t·km	0.326	
JYX1-87	汽车运输 线材 每件重 2000kg 以内 装卸	t	1.628	
JYX1-88	汽车运输 线材 每件重 2000kg 以内 运输	t·km	32.560	
4.2	导线架设			
JGX3-5	10kV 以下导线架设 钢芯铝绞线（截面 mm²）150 以内	km	3	
	拆除工程			
	安装拆除			
	架空输电线路拆除工程			
一	架空线路本体工程	元/km		
4	架线工程			
4.2	导线架设			
CYX3-9	避雷线、导线一般拆除 导线截面（mm²）95 以内	km/三相	1	
JYX1-15	人力运输 线材 每件重（kg）2000以内	t·km	0.244	
JYX1-87	汽车运输 线材 每件重 2000kg 以内 装卸	t	1.221	
JYX1-88	汽车运输 线材 每件重 2000kg 以内 运输	t·km	24.420	

12.2 C7-2 更换钢芯铝绞线（240mm²）

12.2.1 典型方案主要内容

本典型方案为更换 240mm² 截面钢芯铝绞线 1km（三相），内容包括拆除旧架空导线、架设新导线。

12.2.2 典型方案主要技术条件

典型方案 C7-2 主要技术条件见表 12-8。

表 12-8　　　　　　　　典型方案 C7-2 主要技术条件

方案名称	工程主要技术条件	
更换钢芯铝绞线（240mm²）	导线类型	钢芯铝绞线
	导线型号	JL/G1A，240/30
	气象条件	覆冰 5mm，最大风速 25m/s

续表

方案名称	工程主要技术条件	
更换钢芯铝绞线（240mm²）	水平档距（m）	50
	地形	100%平地
	地质	100%普土
	运距	人力0.200km；汽车20km

12.2.3 典型方案估算书

估算投资为总投资，编制依据按第3章要求。典型方案C7-2估算书包括总估算汇总表、安装工程专业汇总表、拆除工程专业汇总表、其他费用估算表，分别见表12-9～表12-12。

表12-9　　　　　典型方案C7-2总估算汇总表　　　　　金额单位：万元

序号	工程或费用名称	含税金额	占工程投资的比例（%）	不含税金额	可抵扣增值税金额
一	建筑工程费				
二	安装工程费	7.197	81.610	6.423	0.774
三	拆除工程费	0.226	2.560	0.207	0.019
四	设备购置费				
	其中：编制基准期价差	0.055	0.620	0.055	
五	小计	7.423	84.170	6.630	0.793
	其中：甲供设备材料费	5.542	62.840	4.905	0.637
六	其他费用	1.396	15.830	1.317	0.079
七	基本预备费				
八	特殊项目				
九	工程投资合计	8.819	100	7.947	0.872
	其中：可抵扣增值税金额	0.872			0.872
	其中：施工费	1.881	21.330	1.726	0.155

表12-10　　　　　典型方案C7-2安装工程专业汇总表　　　　　金额单位：元

序号	工程或费用名称	安装工程费			设备购置费	合计
		未计价材料费	安装费	小计		
	安装工程	55421	16551	71972		71972
	架空输电线路安装工程	55421	16551	71972		71972
一	架空线路本体工程	55421	16551	71972		71972
4	架线工程	55421	16551	71972		71972
4.1	架线工程材料工地运输		1118	1118		1118

续表

序号	工程或费用名称	安装工程费			设备购置费	合计
		未计价材料费	安装费	小计		
4.2	导线架设	55421	15433	70853		70853
	合计	55421	16551	71972		71972

表 12-11　　　　　　　　典型方案 C7-2 拆除工程专业汇总表　　　　　　　金额单位：元

序号	工程或费用名称	拆除工程费
	拆除工程	2263
	安装拆除	2263
	架空输电线路拆除工程	2263
一	架空线路本体工程	2263
4	架线工程	2263
4.2	导线架设	2263
	合计	2263

表 12-12　　　　　　　　典型方案 C7-2 其他费用估算表　　　　　　　金额单位：元

序号	工程或费用项目名称	编制依据及计算说明	合价
2	项目管理费		5853
2.1	管理经费	（建筑工程费+安装工程费+拆除工程费）×3.530%	2620
2.2	招标费	（建筑工程费+安装工程费+拆除工程费）×1.267%	941
2.3	工程监理费	（建筑工程费+安装工程费+拆除工程费）×3.087%	2292
3	项目技术服务费		8104
3.1	前期工作费	（建筑工程费+安装工程费）×2.135%	1537
3.3	工程勘察设计费		5919
3.3.2	设计费	设计费×100%	5919
3.4	设计文件评审费		366
3.4.1	初步设计文件评审费	基本设计费×3.500%	176
3.4.2	施工图文件评审费	基本设计费×3.800%	191
3.5	施工过程造价咨询及竣工结算审核费	变电：（建筑工程费+安装工程费+拆除工程费）×0.530%；线路：（建筑工程费+安装工程费+拆除工程费）×0.380%	282
	合计		13957

12.2.4　典型方案电气设备材料表

典型方案 C7-2 电气设备材料表见表 12-13。

表 12-13　　　　　　　　典型方案 C7-2 电气设备材料表

序号	设备或材料名称	单位	数量	备注
	安装工程			
	架空输电线路安装工程			
一	架空线路本体工程	元/km		
4	架线工程			
4.2	导线架设			
500026702	钢芯铝绞线，JL/G1A，240/30	kg	2760	

12.2.5　典型方案工程量表

典型方案 C7-2 工程量见表 12-14。

表 12-14　　　　　　　　典型方案 C7-2 工程量表

序号	项目名称	单位	数量	备注
	安装工程			
	架空输电线路安装工程			
一	架空线路本体工程	元/km		
4	架线工程			
4.1	架线工程材料工地运输			
JYX1-16	人力运输　线材　每件重（kg）2000 以上	t·km	0.637	
JYX1-89	汽车运输　线材　每件重 4000kg 以内　装卸	t	3.187	
JYX1-90	汽车运输　线材　每件重 4000kg 以内　运输	t·km	63.734	
4.2	导线架设			
JGX3-6	10kV 以下导线架设　钢芯铝绞线（截面 mm²）300 以内	km	3	
	拆除工程			
	安装拆除			
	架空输电线路拆除工程			
一	架空线路本体工程	元/km		
4	架线工程			
4.2	导线架设			
CYX3-11	避雷线、导线一般拆除　导线截面（mm²）185 以内	km/三相	1	
JYX1-16	人力运输　线材　每件重（kg）2000 以上	t·km	0.478	
JYX1-89	汽车运输　线材　每件重 4000kg 以内　装卸	t	2.390	
JYX1-90	汽车运输　线材　每件重 4000kg 以内　运输	t·km	47.800	

12.3 C7-3 更换绝缘钢芯铝绞线（120mm²）

12.3.1 典型方案主要内容

本典型方案为更换 120mm² 截面绝缘钢芯铝绞线 1km（三相），内容包括拆除旧架空导线、架设新导线。

12.3.2 典型方案主要技术条件

典型方案 C7-3 主要技术条件见表 12-15。

表 12-15　　　　　　　　典型方案 C7-3 主要技术条件

方案名称	工程主要技术条件	
更换绝缘钢芯铝绞线（120mm²）	导线类型	架空绝缘线
	导线型号	AC10kV，JKLGYJ，120/20
	气象条件	覆冰 5mm，最大风速 25m/s
	水平档距（m）	50
	地形	100%平地
	地质	100%普土
	运距	人力 0.200km；汽车 20km

12.3.3 典型方案估算书

估算投资为总投资，编制依据按第 3 章要求。典型方案 C7-3 估算书包括总估算汇总表、安装工程专业汇总表、拆除工程专业汇总表、其他费用估算表，分别见表 12-16~表 12-19。

表 12-16　　　　　　　典型方案 C7-3 总估算汇总表　　　　　　金额单位：万元

序号	工程或费用名称	含税金额	占工程投资的比例（%）	不含税金额	可抵扣增值税金额
一	建筑工程费				
二	安装工程费	4.354	80.560	3.898	0.456
三	拆除工程费	0.201	3.720	0.184	0.017
四	设备购置费				
	其中：编制基准期价差	0.050	0.930	0.050	
五	小计	4.555	84.270	4.082	0.473
	其中：甲供设备材料费	2.972	54.990	2.630	0.342
六	其他费用	0.850	15.730	0.802	0.048
七	基本预备费				
八	特殊项目				
九	工程投资合计	5.405	100	4.884	0.521

续表

序号	工程或费用名称	含税金额	占工程投资的比例（%）	不含税金额	可抵扣增值税金额
	其中：可抵扣增值税金额	0.521			0.521
	其中：施工费	1.583	29.290	1.452	0.131

表 12-17　典型方案 C7-3 安装工程专业汇总表　　金额单位：元

序号	工程或费用名称	安装工程费			设备购置费	合计
		未计价材料费	安装费	小计		
	安装工程	29724	13820	43544		43544
	架空输电线路安装工程	29724	13820	43544		43544
一	架空线路本体工程	29724	13820	43544		43544
4	架线工程	29724	13820	43544		43544
4.1	架线工程材料工地运输		1562	1562		1562
4.2	导线架设	29724	12258	41982		41982
	合计	29724	13820	43544		43544

表 12-18　典型方案 C7-3 拆除工程专业汇总表　　金额单位：元

序号	工程或费用名称	拆除工程费
	拆除工程	2015
	安装拆除	2015
	架空输电线路拆除工程	2015
一	架空线路本体工程	2015
4	架线工程	2015
4.2	导线架设	2015
	合计	2015

表 12-19　典型方案 C7-3 其他费用估算表　　金额单位：元

序号	工程或费用项目名称	编制依据及计算说明	合价
2	项目管理费		3592
2.1	管理经费	（建筑工程费+安装工程费+拆除工程费）×3.530%	1608
2.2	招标费	（建筑工程费+安装工程费+拆除工程费）×1.267%	577
2.3	工程监理费	（建筑工程费+安装工程费+拆除工程费）×3.087%	1406
3	项目技术服务费		4906
3.1	前期工作费	（建筑工程费+安装工程费）×2.135%	930
3.3	工程勘察设计费		3581

续表

序号	工程或费用项目名称	编制依据及计算说明	合价
3.3.2	设计费	设计费×100%	3581
3.4	设计文件评审费		222
3.4.1	初步设计文件评审费	基本设计费×3.500%	106
3.4.2	施工图文件评审费	基本设计费×3.800%	115
3.5	施工过程造价咨询及竣工结算审核费	变电：（建筑工程费+安装工程费+拆除工程费）×0.530%；线路：（建筑工程费+安装工程费+拆除工程费）×0.380%	173
	合计		8498

12.3.4 典型方案电气设备材料表

典型方案C7-3电气设备材料表见表12-20。

表12-20　　　　典型方案C7-3电气设备材料表

序号	设备或材料名称	单位	数量	备注
	安装工程			
	架空输电线路安装工程			
一	架空线路本体工程	元/km		
4	架线工程			
4.2	导线架设			
500026691	架空绝缘导线，AC10kV，JKLGYJ，120/20	m	3000	

12.3.5 典型方案工程量表

典型方案C7-3工程量见表12-21。

表12-21　　　　典型方案C7-3工程量表

序号	项目名称	单位	数量	备注
	安装工程			
	架空输电线路安装工程			
一	架空线路本体工程	元/km		
4	架线工程			
4.1	架线工程材料工地运输			
JYX1-16	人力运输　线材　每件重（kg）2000以上	t·km	0.890	
JYX1-89	汽车运输　线材　每件重4000kg以内　装卸	t	4.451	
JYX1-90	汽车运输　线材　每件重4000kg以内　运输	t·km	89.020	

续表

序号	项目名称	单位	数量	备注
4.2	导线架设			
JGX3-11	10kV 架空绝缘铝导线（截面 mm²）150 以内	km	3	
	拆除工程			
	安装拆除			
	架空输电线路拆除工程			
一	架空线路本体工程	元/km		
4	架线工程			
4.2	导线架设			
CYX3-9	避雷线、导线一般拆除 导线截面（mm²）95 以内	km/三相	1	
JYX1-16	人力运输 线材 每件重（kg）2000 以上	t·km	0.668	
JYX1-89	汽车运输 线材 每件重 4000kg 以内 装卸	t	3.338	
JYX1-90	汽车运输 线材 每件重 4000kg 以内 运输	t·km	66.765	

12.4　C7-4 更换绝缘钢芯铝绞线（240mm²）

12.4.1　典型方案主要内容

本典型方案为更换 240mm² 截面绝缘钢芯铝绞线 1km（三相），内容包括拆除旧架空导线、架设新导线。

12.4.2　典型方案主要技术条件

典型方案 C7-4 主要技术条件见表 12-22。

表 12-22　　　　　　　典型方案 C7-4 主要技术条件

方案名称	工程主要技术条件	
更换绝缘钢芯铝绞线（240mm²）	导线类型	架空绝缘线
	导线型号	AC10kV，JKLGYJ，240/30
	气象条件	覆冰 5mm，最大风速 25m/s
	水平档距（m）	50
	地形	100%平地
	地质	100%普土
	运距	人力 0.200km；汽车 20km

12.4.3 典型方案估算书

估算投资为总投资，编制依据按第 3 章要求。典型方案 C7-4 估算书包括总估算汇总表、安装工程专业汇总表、拆除工程专业汇总表、其他费用估算表，分别见表 12-23～表 12-26。

表 12-23　　　　　　　　典型方案 C7-4 总估算汇总表　　　　　　　金额单位：万元

序号	工程或费用名称	含税金额	占工程投资的比例（%）	不含税金额	可抵扣增值税金额
一	建筑工程费				
二	安装工程费	9.459	81.250	8.433	1.026
三	拆除工程费	0.345	2.960	0.316	0.029
四	设备购置费				
	其中：编制基准期价差	0.073	0.630	0.073	
五	小计	9.804	84.210	8.749	1.055
	其中：甲供设备材料费	7.538	64.750	6.671	0.867
六	其他费用	1.838	15.790	1.734	0.104
七	基本预备费				
八	特殊项目				
九	工程投资合计	11.642	100	10.483	1.159
	其中：可抵扣增值税金额	1.159			1.159
	其中：施工费	2.266	19.460	2.079	0.187

表 12-24　　　　　　　　典型方案 C7-4 安装工程专业汇总表　　　　　　　金额单位：元

序号	工程或费用名称	安装工程费			设备购置费	合计
		未计价材料费	安装费	小计		
	安装工程	75381	19205	94586		94586
	架空输电线路安装工程	75381	19205	94586		94586
一	架空线路本体工程	75381	19205	94586		94586
4	架线工程	75381	19205	94586		94586
4.1	架线工程材料工地运输		3147	3147		3147
4.2	导线架设	75381	16059	91440		91440
	合计	75381	19205	94586		94586

表 12-25　　　　　　　　典型方案 C7-4 拆除工程专业汇总表　　　　　　　金额单位：元

序号	工程或费用名称	拆除工程费
	拆除工程	3454
	安装拆除	3454

续表

序号	工程或费用名称	拆除工程费
	架空输电线路拆除工程	3454
一	架空线路本体工程	3454
4	架线工程	3454
4.2	导线架设	3454
	合计	3454

表 12-26　　　　　典型方案 C7-4 其他费用估算表　　　　金额单位：元

序号	工程或费用项目名称	编制依据及计算说明	合价
2	项目管理费		7729
2.1	管理经费	（建筑工程费＋安装工程费＋拆除工程费）×3.530%	3461
2.2	招标费	（建筑工程费＋安装工程费＋拆除工程费）×1.267%	1242
2.3	工程监理费	（建筑工程费＋安装工程费＋拆除工程费）×3.087%	3026
3	项目技术服务费		10653
3.1	前期工作费	（建筑工程费＋安装工程费）×2.135%	2019
3.3	工程勘察设计费		7779
3.3.2	设计费	设计费×100%	7779
3.4	设计文件评审费		481
3.4.1	初步设计文件评审费	基本设计费×3.500%	231
3.4.2	施工图文件评审费	基本设计费×3.800%	251
3.5	施工过程造价咨询及竣工结算审核费	变电：（建筑工程费＋安装工程费＋拆除工程费）×0.530%； 线路：（建筑工程费＋安装工程费＋拆除工程费）×0.380%	373
	合计		18382

12.4.4　典型方案电气设备材料表

典型方案 C7-4 电气设备材料表见表 12-27。

表 12-27　　　　　典型方案 C7-4 电气设备材料表

序号	设备或材料名称	单位	数量	备注
	安装工程			
	架空输电线路安装工程			
一	架空线路本体工程	元/km		
4	架线工程			
4.2	导线架设			
500026691	架空绝缘导线，AC10kV，JKLGYJ，240/30	m	3000	

12.4.5 典型方案工程量表

典型方案 C7-4 工程量见表 12-28。

表 12-28 典型方案 C7-4 工程量表

序号	项目名称	单位	数量	备注
	安装工程			
	架空输电线路安装工程			
一	架空线路本体工程	元/km		
4	架线工程			
4.1	架线工程材料工地运输			
JYX1-16	人力运输　线材　每件重（kg）2000 以上	t·km	1.649	
JYX1-91	汽车运输　线材　每件重　8000kg 以内　装卸	t	8.244	
JYX1-92	汽车运输　线材　每件重　8000kg 以内　运输	t·km	164.877	
4.2	导线架设			
JGX3-12	10kV 架空绝缘铝导线（截面 mm²）300 以内	km	3	
	拆除工程			
	安装拆除			
	架空输电线路拆除工程			
一	架空线路本体工程	元/km		
4	架线工程			
4.2	导线架设			
CYX3-11	避雷线、导线一般拆除　导线截面（mm²）185 以内	km/三相	1	
JYX1-16	人力运输　线材　每件重（kg）2000 以上	t·km	1.154	
JYX1-91	汽车运输　线材　每件重　8000kg 以内　装卸	t	5.771	
JYX1-92	汽车运输　线材　每件重　8000kg 以内　运输	t·km	115.414	

第13章　更换10kV杆塔

典型方案说明

更换电杆典型方案共4个，按照杆塔类型分为水泥杆10、12、15m杆，及13m钢管杆典型方案。所有典型方案的工作范围包含了拆除旧杆、开挖及回填基础、安装底盘、卡盘、组立水泥杆、安装横担、金具、绝缘子。

13.1　C8-1更换10kV水泥杆（10m）

13.1.1　典型方案主要内容

本典型方案为更换1根10kV 10m锥形水泥杆，内容包括拆除旧杆、开挖及回填基础、安装底盘、卡盘、组立水泥杆、安装横担、金具、绝缘子。

13.1.2　典型方案主要技术条件

典型方案C8-1主要技术条件见表13-1。

表13-1　典型方案C8-1主要技术条件

方案名称	工程主要技术条件	
更换10kV水泥杆（10m）	电压等级（kV）	10
	杆塔杆型	单回90°转角杆
	杆塔类型	锥形水泥杆，非预应力，整根杆，10m，190mm
	地形	100%平地
	地质	100%普土
	运距	人力0.200km；汽车20km

13.1.3　典型方案估算书

估算投资为总投资，编制依据按第3章要求。典型方案C8-1估算书包括总估算汇总表、安装工程专业汇总表、拆除工程专业汇总表、其他费用估算表，分别见表13-2～表13-5。

表13-2　典型方案C8-1总估算汇总表　　　　　　　　金额单位：万元

序号	工程或费用名称	含税金额	占工程投资的比例（%）	不含税金额	可抵扣增值税金额
一	建筑工程费				
二	安装工程费	0.987	82.460	0.881	0.106
三	拆除工程费	0.075	6.270	0.069	0.006

续表

序号	工程或费用名称	含税金额	占工程投资的比例（%）	不含税金额	可抵扣增值税金额
四	设备购置费				
	其中：编制基准期价差	0.01	0.840	0.01	
五	小计	1.062	88.720	0.95	0.112
	其中：甲供设备材料费	0.774	64.660	0.685	0.089
六	其他费用	0.135	11.280	0.127	0.008
七	基本预备费				
八	特殊项目				
九	工程投资合计	1.197	100	1.077	0.12
	其中：可抵扣增值税金额	0.12			0.12
	其中：施工费	0.287	23.980	0.263	0.024

表 13－3　　　　　　　　　典型方案 C8－1 安装工程专业汇总表　　　　　　　金额单位：元

序号	工程或费用名称	安装工程费			设备购置费	合计
		未计价材料费	安装费	小计		
	安装工程	7742	2125	9867		9867
	架空输电线路安装工程	7742	2125	9867		9867
一	架空线路本体工程	7742	2125	9867		9867
2	基础工程	7742	2125	9867		9867
2.2	基础砌筑		292	292		292
5	杆上变配电装置	7742	1833	9575		9575
5.1	变配电装置运输	7742	2125	9867		9867
5.2	变配电装置安装	7742	2125	9867		9867
5.3	变配电装置调试	7742	2125	9867		9867
	合计	7742	2125	9867		9867

表 13－4　　　　　　　　　典型方案 C8－1 拆除工程专业汇总表　　　　　　　金额单位：元

序号	工程或费用名称	拆除工程费
	拆除工程	748
	安装拆除	748
	架空输电线路拆除工程	748
一	架空线路本体工程	748
3	杆塔工程	748

续表

序号	工程或费用名称	拆除工程费
3.1	杆塔工程材料工地运输	309
3.2	杆塔组立	439
	合计	748

表 13-5   典型方案 C8-1 其他费用估算表   金额单位：元

序号	工程或费用项目名称	编制依据及计算说明	合价
2	项目管理费		837
2.1	管理经费	（建筑工程费+安装工程费+拆除工程费）×3.530%	375
2.2	招标费	（建筑工程费+安装工程费+拆除工程费）×1.267%	134
2.3	工程监理费	（建筑工程费+安装工程费+拆除工程费）×3.087%	328
3	项目技术服务费		513
3.1	前期工作费	（建筑工程费+安装工程费）×2.135%	211
3.3	工程勘察设计费		116
3.3.2	设计费	（建筑工程费+安装工程费+设备购置费）×1.180%	116
3.4	设计文件评审费		146
3.4.1	初步设计文件评审费	基本设计费×3.500%	70
3.4.2	施工图文件评审费	基本设计费×3.800%	76
3.5	施工过程造价咨询及竣工结算审核费	变电：（建筑工程费+安装工程费+拆除工程费）×0.530%；线路：（建筑工程费+安装工程费+拆除工程费）×0.380%	40
	合计		1350

13.1.4 典型方案电气设备材料表

典型方案 C8-1 电气设备材料表见表 13-6。

表 13-6   典型方案 C8-1 电气设备材料表

序号	设备或材料名称	单位	数量	备注
500033660	锥形水泥杆（锥形水泥杆，非预应力，整根杆，10m，190mm，Ⅰ）	根	1	
500122533	柱式瓷绝缘子 R8ET125L，150，305，530（57-3 柱绝缘子）	只	2	
500032474	接续金具 绝缘穿刺线夹，10kV，240mm^2，16mm^2（10kV）	付	3	
500129328	接续金具 JC-6（线夹类）	付	6	
500129324	铜绞线 C 型线夹，JC-1（95-95）	付	6	
500020291	耐张线夹 螺栓型，NLL-2	付	6	

续表

序号	设备或材料名称	单位	数量	备注
500020354	联结金具 球头挂环，Q-7	只	6	
500020399	联结金具 直角挂板，Z-7	只	6	
500020369	联结金具 碗头挂板，W-7B	只	6	
500020411	联结金具 延长环，PH-10	只	2	
500018864	半圆抱箍 BG6-220 -60×6×484	块	2	
500019649	支撑铁，∠50×5×1000	块	8	
500017406	线路角铁横担 ∠75×8×2000	块	4	
500035402	单头螺栓 M16×80	件	4	
500012723	单头螺栓 M16×40	件	16	
500013115	双头螺栓 M16×320	件	4	
500013163	双头螺栓 M16×350	件	4	
500019768	连接铁 -6×60，300mm，不计孔数	块	2	
500065894	连接铁 -6×60，320mm，不计孔数	块	2	
500019775	连接铁 -80×8×500	块	4	
500018830	半圆抱箍 -6×60，D200，加强型	块	2	
500061572	水泥制品，底盘，800×800×200	块	1	
500057202	水泥制品，卡盘，1000×300×200	块	1	
500122792	交流盘形悬式绝缘子 U70B/146，255，320（高压）	片	12	

13.1.5 典型方案工程量表

典型方案 C8-1 工程量见表 13-7。

表 13-7　　　　　　　　典型方案 C8-1 工程量表

类别	项目名称	单位	数量	备注
	安装工程			
	架空输电线路安装工程			
一	架空线路本体工程	元/km		
3	杆塔工程			
3.1	杆塔工程材料工地运输			
JYX1-3	人力运输 混凝土杆 每件重（kg）1100 以内	t·km	0.173	
JYX1-6	人力运输 混凝土预制品 每件重（kg）100 以内	t·km	0.001	
JYX1-19	人力运输 金具、绝缘子、零星钢材	t·km	0.051	

续表

类别	项目名称	单位	数量	备注
JYX1-51	汽车运输 混凝土杆 每件重 1100kg 以内 装卸	t	0.864	
JYX1-52	汽车运输 混凝土杆 每件重 1100kg 以内 运输	t·km	17.286	
JYX1-69	汽车运输 混凝土预制品 每件重 100kg 以内 装卸	t	0.006	
JYX1-70	汽车运输 混凝土预制品 每件重 100kg 以内 运输	t·km	0.121	
JYX1-105	汽车运输 金具、绝缘子、零星钢材 装卸	t	0.254	
JYX1-106	汽车运输 金具、绝缘子、零星钢材 运输	t·km	5.075	
3.2	杆塔组立			
JGX2-4	10kV 以下混凝土杆组立 整根式——有预制基础 土坑	基	1	
JGX4-2	10kV 以下绝缘子安装 直线	基	1	
JGX2-58	10kV 以下横担安装 铁横担 双根	组	2	
	拆除工程			
	安装拆除			
	架空输电线路拆除工程			
一	架空线路本体工程	元/km		
3	杆塔工程			
3.1	杆塔工程材料工地运输			
JYX1-5	人力运输 混凝土杆 每件重（kg）1500 以上	t·km	0.172	
JYX1-19	人力运输 金具、绝缘子、零星钢材	t·km	0.060	
JYX1-55	汽车运输 混凝土杆 每件重 1500kg 以上 装卸	t	0.860	
JYX1-56	汽车运输 混凝土杆 每件重 1500kg 以上 运输	t·km	17.200	
JYX1-105	汽车运输 金具、绝缘子、零星钢材 装卸	t	0.300	
JYX1-106	汽车运输 金具、绝缘子、零星钢材 运输	t·km	6	
3.2	杆塔组立			
CYX2-1	混凝土杆拆除 整根式 单杆	基	1	
CYX2-38	10kV 以下横担拆除 铁、木横担	组	2	
CYX4-1	直线杆塔悬垂绝缘子串拆除 10kV 以下单绝缘子	串	6	

13.2 C8-2 更换 10kV 水泥杆（12m）

13.2.1 典型方案主要内容

本典型方案为更换 1 根 10kV 12m 锥形水泥杆，内容包括拆除旧杆、开挖及回填基础、安装底盘、卡盘、组立水泥杆、安装横担、金具、绝缘子。

13.2.2 典型方案主要技术条件

典型方案 C8-2 主要技术条件见表 13-8。

表 13-8　　　　　　　　典型方案 C8-2 主要技术条件

方案名称	工程主要技术条件	
更换 10kV 水泥杆（12m）	电压等级（kV）	10
	杆塔杆型	单回 90°转角杆
	杆塔类型	锥形水泥杆，非预应力，整根杆，12m，190mm
	地形	100%平地
	地质	100%普土
	运距	人力 0.200km；汽车 20km

13.2.3 典型方案估算书

估算投资为总投资，编制依据按第 3 章要求。典型方案 C8-2 估算书包括总估算汇总、安装工程专业汇总表、拆除工程专业汇总表、其他费用估算表，分别见表 13-9～表 13-12。

表 13-9　　　　　　　典型方案 C8-2 总估算汇总表　　　　　金额单位：万元

序号	工程或费用名称	含税金额	占工程投资的比例（%）	不含税金额	可抵扣增值税金额
一	建筑工程费				
二	安装工程费	0.998	81.940	0.891	0.107
三	拆除工程费	0.083	6.810	0.076	0.007
四	设备购置费				
	其中：编制基准期价差	0.01	0.820	0.01	
五	小计	1.081	88.750	0.967	0.114
	其中：甲供设备材料费	0.776	63.710	0.687	0.089
六	其他费用	0.137	11.250	0.129	0.008
七	基本预备费				
八	特殊项目				
九	工程投资合计	1.218	100	1.096	0.122

续表

序号	工程或费用名称	含税金额	占工程投资的比例（%）	不含税金额	可抵扣增值税金额
	其中：可抵扣增值税金额	0.122			0.122
	其中：施工费	0.306	25.120	0.281	0.025

表 13-10　　典型方案 C8-2 安装工程专业汇总表　　金额单位：元

序号	工程或费用名称	安装工程费			设备购置费	合计
		未计价材料费	安装费	小计		
	安装工程	7755	2227	9982		9982
	架空输电线路安装工程	7755	2227	9982		9982
一	架空线路本体工程	7755	2227	9982		9982
3	杆塔工程	7755	2227	9982		9982
3.1	杆塔工程材料工地运输		402	402		402
3.2	杆塔组立	7755	1826	9581		9581
	合计	7755	2227	9982		9982

表 13-11　　典型方案 C8-2 拆除工程专业汇总表　　金额单位：元

序号	工程或费用名称	拆除工程费
	拆除工程	832
	安装拆除	832
	架空输电线路拆除工程	832
一	架空线路本体工程	832
3	杆塔工程	832
3.1	杆塔工程材料工地运输	394
3.2	杆塔组立	437
	合计	832

表 13-12　　典型方案 C8-2 其他费用估算表　　金额单位：元

序号	工程或费用项目名称	编制依据及计算说明	合价
2	项目管理费		853
2.1	管理经费	（建筑工程费+安装工程费+拆除工程费）×3.530%	382
2.2	招标费	（建筑工程费+安装工程费+拆除工程费）×1.267%	137
2.3	工程监理费	（建筑工程费+安装工程费+拆除工程费）×3.087%	334
3	项目技术服务费		518

续表

序号	工程或费用项目名称	编制依据及计算说明	合价
3.1	前期工作费	（建筑工程费+安装工程费）×2.135%	213
3.3	工程勘察设计费		118
3.3.2	设计费	（建筑工程费+安装工程费+设备购置费）×1.180%	118
3.4	设计文件评审费		146
3.4.1	初步设计文件评审费	基本设计费×3.500%	70
3.4.2	施工图文件评审费	基本设计费×3.800%	76
3.5	施工过程造价咨询及竣工结算审核费	变电：（建筑工程费+安装工程费+拆除工程费）×0.530%； 线路：（建筑工程费+安装工程费+拆除工程费）×0.380%	41
	合计		1371

13.2.4 典型方案电气设备材料表

典型方案 C8-2 电气设备材料表见表 13-13。

表 13-13　　　　　典型方案 C8-2 电气设备材料表

序号	设备或材料名称	单位	数量	备注
500013972	锥形水泥杆（非预应力，整根杆，12m，190mm，M，无根部法兰）	根	1	
500122533	柱式瓷绝缘子　R8ET125L，150，305，530（57-3 柱式绝缘子）	只	2	
500032474	接续金具　绝缘穿刺线夹，10kV，240mm²，16mm²（10kV）	付	3	
500129328	接续金具　JC-6（线夹类）	付	6	
500129324	铜绞线 C 型线夹，JC-1（95-95）	付	6	
500020291	耐张线夹　螺栓型，NLL-2	付	6	
500020354	联结金具　球头挂环，Q-7	只	6	
500020399	联结金具　直角挂板，Z-7	只	6	
500020369	联结金具　碗头挂板，W-7B	只	6	
500020411	联结金具　延长环，PH-10	只	2	
500018864	半圆抱箍　BG6-220 -60×6×484	块	2	
500019649	支撑铁，∠50×5×1000	块	8	
500017406	线路角铁横担 ∠75×8×2000	块	4	
500035402	单头螺栓　M16×80	件	4	
500012723	单头螺栓　M16×40	件	16	
500013115	双头螺栓　M16×320	件	4	

续表

序号	设备或材料名称	单位	数量	备注
500013163	双头螺栓 M16×350	件	4	
500019768	连接铁-6×60, 300mm, 不计孔数	块	2	
500065894	连接铁-6×60, 320mm, 不计孔数	块	2	
500019775	连接铁-80×8×500	块	4	
500018830	半圆抱箍-6×60, D200, 加强型	块	2	
500061572	水泥制品, 底盘, 800×800×200	块	1	
500057202	水泥制品, 卡盘, 1000×300×200	块	1	
500122792	交流盘形悬式绝缘子 U70B/146, 255, 320（高压）	片	12	

13.2.5 典型方案工程量表

典型方案C8-2工程量见表13-14。

表13-14　　　　典型方案C8-2工程量表

序号	项目名称	单位	数量	备注
	安装工程			
	架空输电线路安装工程			
	架空线路本体工程	元/km		
	杆塔工程			
	杆塔工程材料工地运输			
JYX1-4	人力运输　混凝土杆　每件重（kg）1500以内	t·km	0.231	
JYX1-6	人力运输　混凝土预制品　每件重（kg）100以内	t·km	0.024	
JYX1-19	人力运输　金具、绝缘子、零星钢材	t·km	0.051	
JYX1-53	汽车运输　混凝土杆　每件重　1500kg以内　装卸	t	1.156	
JYX1-54	汽车运输　混凝土杆　每件重　1500kg以内　运输	t·km	23.115	
JYX1-69	汽车运输　混凝土预制品　每件重　100kg以内　装卸	t	0.121	
JYX1-70	汽车运输　混凝土预制品　每件重　100kg以内　运输	t·km	2.412	
JYX1-105	汽车运输　金具、绝缘子、零星钢材　装卸	t	0.256	
JYX1-106	汽车运输　金具、绝缘子、零星钢材　运输	t·km	5.128	
	杆塔组立			

续表

序号	项目名称	单位	数量	备注
JGX2－4	10kV 以下混凝土杆组立 整根式——有预制基础 土坑	基	1	
JGX4－2	10kV 以下绝缘子安装 直线	基	1	
JGX2－58	10kV 以下横担安装 铁横担 双根	组	2	
	拆除工程			
	安装拆除			
	架空输电线路拆除工程			
	架空线路本体工程	元/km		
	杆塔工程			
	杆塔工程材料工地运输			
JYX1－5	人力运输 混凝土杆 每件重（kg）1500 以上	t·km	0.230	
JYX1－19	人力运输 金具、绝缘子、零星钢材	t·km	0.060	
JYX1－55	汽车运输 混凝土杆 每件重 1500kg 以上 装卸	t	1.150	
JYX1－56	汽车运输 混凝土杆 每件重 1500kg 以上 运输	t·km	23	
JYX1－105	汽车运输 金具、绝缘子、零星钢材 装卸	t	0.300	
JYX1－106	汽车运输 金具、绝缘子、零星钢材 运输	t·km	6	
	杆塔组立			
CYX2－1	混凝土杆拆除 整根式 单杆	基	1	
CYX2－38	10kV 以下横担拆除 铁、木横担	组	2	
CYX4－1	直线杆塔悬垂绝缘子串拆除 10kV 以下 单绝缘子	串	6	

13.3 C8-3 更换 10kV 水泥杆（15m）

13.3.1 典型方案主要内容

本典型方案为更换 1 根 10kV 15m 锥形水泥杆，内容包括拆除旧杆、开挖及回填基础、安装底盘、卡盘、组立水泥杆、安装横担、金具、绝缘子。

13.3.2 典型方案主要技术条件

典型方案 C8-3 主要技术条件见表 13-15。

表 13-15　典型方案 C8-3 主要技术条件

方案名称	工程主要技术条件	
更换 10kV 水泥杆（15m）	电压等级（kV）	10
	杆塔杆型	单回 90°转角杆
	杆塔类型	锥形水泥杆，非预应力，整根杆，15m，190mm
	地形	100%平地
	地质	100%普土
	运距	人力 0.200km；汽车 20km

13.3.3　典型方案估算书

估算投资为总投资，编制依据按第 3 章要求。典型方案 C8-3 估算书包括总估算汇总表、安装工程专业汇总表、拆除工程专业汇总表、其他费用估算表，分别见表 13-16～表 13-19。

表 13-16　典型方案 C8-3 总估算汇总表　　金额单位：万元

序号	工程或费用名称	含税金额	占工程投资的比例（%）	不含税金额	可抵扣增值税金额
一	建筑工程费				
二	安装工程费	1.118	81.960	0.998	0.12
三	拆除工程费	0.094	6.890	0.086	0.008
四	设备购置费				
	其中：编制基准期价差	0.012	0.880	0.012	
五	小计	1.212	88.860	1.084	0.128
	其中：甲供设备材料费	0.883	64.740	0.782	0.101
六	其他费用	0.152	11.140	0.143	0.009
七	基本预备费				
八	特殊项目				
九	工程投资合计	1.364	100	1.227	0.137
	其中：可抵扣增值税金额	0.137			0.137
	其中：施工费	0.328	24.050	0.301	0.027

表 13-17　典型方案 C8-3 安装工程专业汇总表　　金额单位：元

序号	工程或费用名称	安装工程费			设备购置费	合计
		未计价材料费	安装费	小计		
	安装工程	8834	2343	11177		11177
	架空输电线路安装工程	8834	2343	11177		11177
一	架空线路本体工程	8834	2343	11177		11177

续表

序号	工程或费用名称	安装工程费			设备购置费	合计
		未计价材料费	安装费	小计		
3	杆塔工程	8834	2343	11177		11177
3.1	杆塔工程材料工地运输		510	510		510
3.2	杆塔组立	8834	1833	10667		10667
	合计	8834	2343	11177		11177

表 13-18　　　　　　典型方案 C8-3 拆除工程专业汇总表　　　　　　金额单位：元

序号	工程或费用名称	拆除工程费
	拆除工程	939
	安装拆除	939
	架空输电线路拆除工程	939
一	架空线路本体工程	939
3	杆塔工程	939
3.1	杆塔工程材料工地运输	500
3.2	杆塔组立	439
	合计	939

表 13-19　　　　　　典型方案 C8-3 其他费用估算表　　　　　　金额单位：元

序号	工程或费用项目名称	编制依据及计算说明	合价
2	项目管理费		955
2.1	管理经费	（建筑工程费+安装工程费+拆除工程费）×3.530%	428
2.2	招标费	（建筑工程费+安装工程费+拆除工程费）×1.267%	154
2.3	工程监理费	（建筑工程费+安装工程费+拆除工程费）×3.087%	374
3	项目技术服务费		563
3.1	前期工作费	（建筑工程费+安装工程费）×2.135%	239
3.3	工程勘察设计费		132
3.3.2	设计费	（建筑工程费+安装工程费+设备购置费）×1.180%	132
3.4	设计文件评审费		146
3.4.1	初步设计文件评审费	基本设计费×3.500%	70
3.4.2	施工图文件评审费	基本设计费×3.800%	76
3.5	施工过程造价咨询及竣工结算审核费	变电：（建筑工程费+安装工程费+拆除工程费）×0.530%；线路：（建筑工程费+安装工程费+拆除工程费）×0.380%	46
	合计		1518

13.3.4 典型方案电气设备材料表

典型方案 C8-3 电气设备材料表见表 13-20。

表 13-20　　　　　　　　典型方案 C8-3 电气设备材料表

序号	材料名称及规格	单位	数量	备注
	安装工程			
500013974	锥形水泥杆（非预应力，整根杆，15m，190mm，M）	根	1	
500122533	柱式瓷绝缘子　R8ET125L，150，305，530（57-3柱式绝缘子）	只	2	
500032474	接续金具　绝缘穿刺线夹，10kV，240mm²，16mm²（10kV）	付	3	
500129328	接续金具　JC-6（线夹类）	付	6	
500129324	铜绞线 C 型线夹，JC-1（95-95）	付	6	
500020291	耐张线夹　螺栓型，NLL-2	付	6	
500020354	联结金具　球头挂环，Q-7	只	6	
500020399	联结金具　直角挂板，Z-7	只	6	
500020369	联结金具　碗头挂板，W-7B	只	6	
500020411	联结金具　延长环，PH-10	只	2	
500018864	半圆抱箍　BG6-220　-60×6×484	块	2	
500019649	支撑铁，∠50×5×1000	块	8	
500017406	线路角铁横担　∠75×8×2000	块	4	
500035402	单头螺栓　M16×80	件	4	
500012723	单头螺栓　M16×40	件	16	
500013115	双头螺栓　M16×320	件	4	
500013163	双头螺栓　M16×350	件	4	
500019768	连接铁-6×60，300mm，不计孔数	块	2	
500065894	连接铁-6×60，320mm，不计孔数	块	2	
500019775	连接铁-80×8×500	块	4	
500018830	半圆抱箍-6×60，D200，加强型	块	2	
500061572	水泥制品，底盘，800×800×200	块	1	
500057202	水泥制品，卡盘，1000×300×200	块	1	
500122792	交流盘形悬式绝缘子　U70B/146，255，320（高压）	片	12	

13.3.5 典型方案工程量表

典型方案 C8-3 工程量见表 13-21。

表 13-21　　　　　　　　　　　典型方案 C8-3 工程量表

序号	项目名称	单位	数量
	安装工程		
	架空输电线路安装工程		
	架空线路本体工程	元/km	
	杆塔工程		
	杆塔工程材料工地运输		
JYX1-4	人力运输　混凝土杆　每件重（kg）1500 以内	t·km	0.301
JYX1-6	人力运输　混凝土预制品　每件重（kg）100 以内	t·km	0.001
JYX1-19	人力运输　金具、绝缘子、零星钢材	t·km	0.052
JYX1-53	汽车运输　混凝土杆　每件重　1500kg 以内　装卸	t	1.504
JYX1-54	汽车运输　混凝土杆　每件重　1500kg 以内　运输	t·km	30.090
JYX1-69	汽车运输　混凝土预制品　每件重　100kg 以内　装卸	t	0.006
JYX1-70	汽车运输　混凝土预制品　每件重　100kg 以内　运输	t·km	0.121
JYX1-105	汽车运输　金具、绝缘子、零星钢材　装卸	t	0.258
JYX1-106	汽车运输　金具、绝缘子、零星钢材　运输	t·km	5.151
	杆塔组立		
JGX2-4	10kV 以下混凝土杆组立　整根式——有预制基础土坑	基	1
JGX4-2	10kV 以下绝缘子安装　直线	基	1
JGX2-58	10kV 以下横担安装　铁横担　双根	组	2
	拆除工程		
	安装拆除		
	架空输电线路拆除工程		
	架空线路本体工程	元/km	
	杆塔工程		
	杆塔工程材料工地运输		
JYX1-5	人力运输　混凝土杆　每件重（kg）1500 以上	t·km	0.299
JYX1-19	人力运输　金具、绝缘子、零星钢材	t·km	0.060
JYX1-55	汽车运输　混凝土杆　每件重　1500kg 以上　装卸	t	1.497
JYX1-56	汽车运输　混凝土杆　每件重　1500kg 以上　运输	t·km	29.940
JYX1-105	汽车运输　金具、绝缘子、零星钢材　装卸	t	0.300

续表

序号	项目名称	单位	数量
JYX1-106	汽车运输 金具、绝缘子、零星钢材 运输	t·km	6
	杆塔组立		
CYX2-1	混凝土杆拆除 整根式 单杆	基	1
CYX2-38	10kV以下横担拆除 铁、木横担	组	2
CYX4-1	直线杆塔悬垂绝缘子串拆除 10kV以下 单绝缘子	串	6

13.4 C8-4 更换10kV钢管杆（13m）

13.4.1 典型方案主要内容

本典型方案为更换1根13m钢管杆，内容包括拆除旧杆、开挖及回填基础、组立钢管杆、安装金具、绝缘子。

13.4.2 典型方案主要技术条件

典型方案C8-4主要技术条件见表13-22。

表13-22　　　　　典型方案C8-4主要技术条件

方案名称	工程主要技术条件	
更换10kV 13米双回耐张钢管杆	电压等级（kV）	10
	杆塔杆型	双回90°转角杆
	杆塔类型	钢管杆，13m，GNH39-13-B
	基础形式	台阶式基础
	导线类型	双回JKLGYJ-10-240
	地形	100%平地
	地质	100%普土
	运距	人力0.200km；汽车20km

13.4.3 典型方案估算书

估算投资为总投资，编制依据按第3章要求。典型方案C8-3估算书包括总估算汇总表、安装工程专业汇总表、拆除工程专业汇总表、其他费用估算表，分别见表13-23～表13-26。

表13-23　　　　典型方案C8-4总估算汇总表　　　　金额单位：万元

序号	工程或费用名称	含税金额	占工程投资的比例（%）	不含税金额	可抵扣增值税金额
一	建筑工程费				
二	安装工程费	5.984	82.950	5.447	0.537

续表

序号	工程或费用名称	含税金额	占工程投资的比例（%）	不含税金额	可抵扣增值税金额
三	拆除工程费	0.079	1.100	0.072	0.007
四	设备购置费				
	其中：编制基准期价差	0.077	1.070	0.077	
五	小计	6.063	84.040	5.519	0.544
	其中：甲供设备材料费	1.331	18.450	1.178	0.153
六	其他费用	1.151	15.960	1.086	0.065
七	基本预备费				
八	特殊项目				
九	工程投资合计	7.214	100	6.605	0.609
	其中：可抵扣增值税金额	0.609			0.609
	其中：施工费	4.732	65.590	4.341	0.391

表 13－24　　　　　　　　典型方案 C8－4 安装工程专业汇总表　　　　　　金额单位：元

序号	工程或费用名称	安装工程费			设备购置费	合计
		未计价材料费	安装费	小计		
	安装工程	34804	25035	59839		59839
	架空输电线路安装工程	34804	25035	59839		59839
一	架空线路本体工程	34804	25035	59839		59839
1	土石方工程	21491	18029	39520		39520
3	杆塔工程	13313	7006	20319		20319
3.1	杆塔工程材料工地运输		1389	1389		1389
3.2	杆塔组立	13313	5618	18931		18931
	合计	34804	25035	59839		59839

表 13－25　　　　　　　　典型方案 C8－4 拆除工程专业汇总表　　　　　　金额单位：元

序号	工程或费用名称	拆除工程费
	拆除工程	790
	安装拆除	790
	架空输电线路拆除工程	790
一	架空线路本体工程	790
3	杆塔工程	790
3.1	杆塔工程材料工地运输	472
3.2	杆塔组立	318
	合计	790

表 13-26　　典型方案 C8-4 其他费用估算表　　金额单位：元

序号	工程或费用项目名称	编制依据及计算说明	合价
2	项目管理费		4780
2.1	管理经费	（建筑工程费＋安装工程费＋拆除工程费）×3.530%	2140
2.2	招标费	（建筑工程费＋安装工程费＋拆除工程费）×1.267%	768
2.3	工程监理费	（建筑工程费＋安装工程费＋拆除工程费）×3.087%	1872
3	项目技术服务费		6734
3.1	前期工作费	（建筑工程费＋安装工程费）×2.135%	1278
3.3	工程勘察设计费		4922
3.3.2	设计费	设计费×100%	4922
3.4	设计文件评审费		304
3.4.1	初步设计文件评审费	基本设计费×3.500%	146
3.4.2	施工图文件评审费	基本设计费×3.800%	158
3.5	施工过程造价咨询及竣工结算审核费	变电：（建筑工程费＋安装工程费＋拆除工程费）×0.530%； 线路：（建筑工程费＋安装工程费＋拆除工程费）×0.380%	230
	合计		11514

13.4.4　典型方案电气设备材料表

典型方案 C8-4 电气设备材料表见表 13-27。

表 13-27　　典型方案 C8-4 电气设备材料表

序号	设备或材料名称	单位	数量	备注
500020399	混凝土　C30	m^3	11.300	
500020354	普通钢筋	t	3.500	
500128790	钢管杆（桩），AC10kV，无，无，Q345，杆，无	基	1	
500020107	接地铁，角钢，镀锌，50×5，2500mm	付	4	
500026586	接地铁，扁钢，镀锌，-50×5，1000mm	付	4	
500054614	耐张线夹—楔形绝缘，NXJ-10/240	付	3	
500122793	交流盘形悬式绝缘子，U70BP/146D，280，450	片	6	
	地脚螺栓	t	0.400	

13.4.5　典型方案工程量表

典型方案 C8-4 工程量见表 13-28。

表 13-28　　典型方案 C8-4 工程量表

序号	项目名称	单位	数量	备注
	安装工程			
	架空输电线路安装工程			
	架空线路本体工程	元/km		
	土石方工程	元/m³		
JGX1-13	灌注桩基础　孔深（m）20以内	m³	11.300	
JGX1-16	接地安装　10kV以下接地	组	1	
JYX1-19	人力运输　金具、绝缘子、零星钢材	t·km	0.762	
JYX1-105	汽车运输　金具、绝缘子、零星钢材　装卸	t	3.808	
JYX1-106	汽车运输　金具、绝缘子、零星钢材　运输	t·km	76.161	
	杆塔工程			
	杆塔工程材料工地运输			
JYX1-5	人力运输　混凝土杆　每件重（kg）1500以上	t·km	0.762	
JYX1-19	人力运输　金具、绝缘子、零星钢材	t·km	0.104	
JYX1-55	汽车运输　混凝土杆　每件重　1500kg以上　装卸	t	3.811	
JYX1-56	汽车运输　混凝土杆　每件重　1500kg以上　运输	t·km	76.219	
JYX1-105	汽车运输　金具、绝缘子、零星钢材　装卸	t	0.518	
JYX1-106	汽车运输　金具、绝缘子、零星钢材　运输	t·km	10.353	
	杆塔组立			
JGX2-26	钢管杆组立　每基重量（t）15以内	基	1	
JGX4-2	10kV以下绝缘子安装　直线	基	1	
	拆除工程			
	安装拆除			
	架空输电线路拆除工程			
	架空线路本体工程	元/km		
	杆塔工程			
	杆塔工程材料工地运输			
JYX1-21	人力运输　钢管塔材	t·km	0.230	
JYX1-19	人力运输　金具、绝缘子、零星钢材	t·km	0.060	
JYX1-61	汽车运输　钢管杆　每件重　11000kg以内　装卸	t	1.150	
JYX1-62	汽车运输　钢管杆　每件重　11000kg以内　运输	t·km	23	

续表

序号	项目名称	单位	数量	备注
JYX1－105	汽车运输 金具、绝缘子、零星钢材 装卸	t	0.300	
JYX1－106	汽车运输 金具、绝缘子、零星钢材 运输	t·km	6	
	杆塔组立			
CYX2－1	混凝土杆拆除 整根式 单机	基	1	
CYX4－1	直线杆塔悬垂绝缘子串拆除 10kV 以下 单绝缘子	串	3	

第14章 更 换 拉 线

> **典型方案说明**
>
> 更换拉线典型方案共 1 个，更换 1 组 GJ-80 拉线。本典型方案工作范围包括拆除旧拉线、开挖及安装拉盘、回填拉线坑、制作安装拉线。

14.1 C9-1 更换拉线

14.1.1 典型方案主要内容

本典型方案为更换 1 组 GJ-80 拉线，内容包括拆除旧拉线、开挖及安装拉盘、回填拉线坑、制作安装拉线。

14.1.2 典型方案主要技术条件

典型方案 C9-1 主要技术条件见表 14-1。

表 14-1　　　　　　　　　典型方案 C9-1 主要技术条件

方案名称	工程主要技术条件	
更换拉线	拉线形式	LX-80
	标称	GJ-80
	地形	100%平地
	地质	100%普土
	运距	人力 0.200km；汽车 20km

14.1.3 典型方案估算书

估算投资为总投资，编制依据按第 3 章要求。典型方案 C9-1 估算书包括总估算汇总表、安装工程专业汇总表、拆除工程专业汇总表、其他费用估算表，分别见表 14-2～表 14-5。

表 14-2　　　　　　　典型方案 C9-1 总估算汇总表　　　　　　　金额单位：万元

序号	工程或费用名称	含税金额	占工程投资的比例（%）	不含税金额	可抵扣增值税金额
一	建筑工程费				
二	安装工程费	0.112	50.220	0.100	0.012
三	拆除工程费	0.004	1.790	0.004	
四	设备购置费				
	其中：编制基准期价差	0.001	0.450	0.001	
五	小计	0.116	52.020	0.104	0.012

续表

序号	工程或费用名称	含税金额	占工程投资的比例（%）	不含税金额	可抵扣增值税金额
	其中：甲供设备材料费	0.084	37.670	0.074	0.010
六	其他费用	0.107	47.980	0.101	0.006
七	基本预备费				
八	特殊项目				
九	工程投资合计	0.223	100	0.205	0.018
	其中：可抵扣增值税金额	0.018			0.018
	其中：施工费	0.032	14.350	0.029	0.003

表 14-3　　　　　　　　　典型方案 C9-1 安装工程专业汇总表　　　　　　　　金额单位：元

序号	工程或费用名称	安装工程费			设备购置费	合计
		未计价材料费	安装费	小计		
	安装工程	837	281	1117		1117
	架空输电线路安装工程	837	281	1117		1117
一	架空线路本体工程	837	281	1117		1117
4	架线工程	837	281	1117		1117
4.1	架线工程材料工地运输		14	14		14
	拉线	837	267	1103		1103
	合计	837	281	1117		1117

表 14-4　　　　　　　　　典型方案 C9-1 拆除工程专业汇总表　　　　　　　　金额单位：元

序号	工程或费用名称	拆除工程费
	拆除工程	36
	安装拆除	36
	架空输电线路拆除工程	36
一	架空线路本体工程	36
3	杆塔工程	36
	拉线	36
	合计	36

表 14-5　　　　　　　　　典型方案 C9-1 其他费用估算表　　　　　　　　金额单位：元

序号	工程或费用名称	编制依据及计算说明	合价
2	项目管理费		91
2.1	管理经费	（建筑工程费+安装工程费+拆除工程费）×3.530%	41

续表

序号	工程或费用名称	编制依据及计算说明	合价
2.2	招标费	（建筑工程费+安装工程费+拆除工程费）×1.267%	15
2.3	工程监理费	（建筑工程费+安装工程费+拆除工程费）×3.087%	36
3	项目技术服务费		187
3.1	前期工作费	（建筑工程费+安装工程费）×2.135%	24
3.3	工程勘察设计费		13
3.3.2	设计费	（建筑工程费+安装工程费+设备购置费）×1.180%	13
3.4	设计文件评审费		146
3.4.1	初步设计文件评审费	基本设计费×3.500%	70
3.4.2	施工图文件评审费	基本设计费×3.800%	76
3.5	施工过程造价咨询及竣工结算审核费	变电：（建筑工程费+安装工程费+拆除工程费）×0.530%；线路：（建筑工程费+安装工程费+拆除工程费）×0.380%	4
	合计		278

14.1.4 典型方案电气设备材料表

典型方案 C9-1 电气设备材料表见表 14-6。

表 14-6　　　　　　　典型方案 C9-1 电气设备材料表　　　　　　　金额单位：元

物料编码	材料名称	单位	数量	备注
	安装工程			
500020412	联结金具，延长环，PH-12	只	1	
500122792	交流盘形悬式瓷绝缘子，U70B/146，255，320	片	1	
500020354	联结金具，球头挂环，Q-7	只	1	
500020369	联结金具，碗头挂板，W-7B	只	1	
500020749	拉线金具，UT型线夹，NUT-2	付	1	
500029689	拉线金具，楔形线夹，NX-2	付	3	
500083763	钢绞线，1×19-11.5-1370-B，80，镀锌	吨	0.010	
500027410	拉盘，水泥制品，拉盘，500×1000×200	块	1	
500012722	单头螺栓，M20×80	件	2	
500027770	拉线棒，ϕ20，2500mm，双耳	根	1	
500081521	地埋U型连接件，ϕ20，750mm，拉盘U形拉环	付	1	
500018445	成套抱箍，-8×80，D190，0°	付	1	
	拉线保护套	付	1	

14.1.5 典型方案工程量表

典型方案 C9-1 工程量见表 14-7。

表 14-7　　　　　　　　　典型方案 C9-1 工程量表

序号	项目名称	单位	数量	备注
	安装工程			
	架空输电线路安装工程			
一	架空线路本体工程			
4	架线工程			
4.1	架线工程材料工地运输			
JYX1-6	人力运输　混凝土预制品　每件重（kg）100 以内	t·km	0.004	
JYX1-13	人力运输　线材　每件重（kg）700 以内	t·km	0.002	
JYX1-19	人力运输　金具、绝缘子、零星钢材	t·km	0.008	
JYX1-69	汽车运输　混凝土预制品　每件重 100kg 以内　装卸	t	0.020	
JYX1-70	汽车运输　混凝土预制品　每件重 100kg 以内　运输	t·km	0.402	
JYX1-83	汽车运输　线材　每件重 700kg 以内　装卸	t	0.011	
JYX1-84	汽车运输　线材　每件重 700kg 以内　运输	t·km	0.212	
JYX1-105	汽车运输　金具、绝缘子、零星钢材　装卸	t	0.042	
JYX1-106	汽车运输　金具、绝缘子、零星钢材　运输	t·km	0.842	
JYX1-107	汽车运输　其他建筑安装材料　装卸	t	0.001	
JYX1-108	汽车运输　其他建筑安装材料　运输	t·km	0.012	
JGX2-52	拉线制作安装　拉线　截面（mm^2）土坑　120 以内	根	1	

第 15 章 更换 0.4kV 配电箱

典型方案说明

更换 0.4kV 配电箱方案共 2 个,按照设备容量等分为 200kVA 和 400kVA 典型方案。所有典型方案工作范围只包含配电箱本体,工作内容包括整体安装、调试,旧设备拆除。

15.1 C10-1 更换 200kVA 低压综合配电箱（JP 柜）

15.1.1 典型方案主要内容

本典型方案为更换 1 台柱上低压综合配电箱（JP 柜），内容包括整体安装、调试,旧设备拆除;本方案为常规区域内（非配网自动化覆盖区域）的设备更换,不考虑配网自动化系统相关接入调试工作及对应费用。

15.1.2 典型方案主要技术条件

典型方案 C10-1 主要技术条件见表 15-1。

表 15-1　　　　　　　　　典型方案 C10-1 主要技术条件

方案名称	工程主要技术条件	
更换 0.4kV 配电箱	类型	柱上悬挂式配电箱
	容量（kVA）	200
	回路数	3
	开关形式	进线熔断器式隔离开关，出线塑壳断路器
	补偿容量（kvar）	60
	安装场所	户外
	运距	人力 0.200km；汽车 20km

15.1.3 典型方案估算书

估算投资为总投资,编制依据按第 3 章要求。典型方案 C10-1 估算书包括总估算汇总表、安装工程专业汇总表、拆除工程专业汇总表、其他费用估算表,分别见表 15-2～表 15-5。

表 15-2　　　　　　　典型方案 C10-1 总估算汇总表　　　　　　金额单位：万元

序号	工程或费用名称	含税金额	占工程投资的比例（%）	不含税金额	可抵扣增值税金额
一	建筑工程费				
二	安装工程费	0.147	7.230	0.135	0.012

续表

序号	工程或费用名称	含税金额	占工程投资的比例（%）	不含税金额	可抵扣增值税金额
三	拆除工程费	0.023	1.130	0.021	0.002
四	设备购置费	1.808	88.930	1.600	0.208
	其中：编制基准期价差	0.006	0.300	0.006	
五	小计	1.978	97.290	1.756	0.222
	其中：甲供设备材料费	1.808	88.930	1.600	0.208
六	其他费用	0.055	2.710	0.052	0.003
七	基本预备费				
八	特殊项目				
九	工程投资合计	2.033	100	1.808	0.225
	其中：可抵扣增值税金额	0.225			0.225
	其中：施工费	0.170	8.360	0.156	0.014

表 15-3　　　　　　　典型方案 C10-1 安装工程专业汇总表　　　　　　　金额单位：元

序号	工程或费用名称	安装工程费			设备购置费	合计
		未计价材料费	安装费	小计		
	安装工程		1468	1468	18081	19549
	架空输电线路安装工程		1468	1468	18081	19549
一	架空线路本体工程		1468	1468	18081	19549
5	杆上变配电装置		1468	1468	18081	19549
5.2	变配电装置安装		1468	1468	18081	19549
	合计		1468	1468	18081	19549

表 15-4　　　　　　　典型方案 C10-1 拆除工程专业汇总表　　　　　　　金额单位：元

序号	工程或费用名称	拆除工程费
	拆除工程	235
	安装拆除	235
	架空输电线路拆除工程	235
一	架空线路本体工程	235
5	杆上变配电装置	235
5.2	变配电装置安装	235
	合计	235

表 15-5　　　　　　　　　　　典型方案 C10-1 其他费用估算表　　　　　　　　　金额单位：元

序号	工程或费用名称	编制依据及计算说明	合价
2	项目管理费		134
2.1	管理经费	（建筑工程费＋安装工程费＋拆除工程费）×3.530%	60
2.2	招标费	（建筑工程费＋安装工程费＋拆除工程费）×1.267%	22
2.3	工程监理费	（建筑工程费＋安装工程费＋拆除工程费）×3.087%	53
3	项目技术服务费		414
3.1	前期工作费	（建筑工程费＋安装工程费）×2.135%	31
3.3	工程勘察设计费		231
3.3.2	设计费	（建筑工程费＋安装工程费＋设备购置费）×1.180%	231
3.4	设计文件评审费		146
3.4.1	初步设计文件评审费	基本设计费×3.500%	70
3.4.2	施工图文件评审费	基本设计费×3.800%	76
3.5	施工过程造价咨询及竣工结算审核费	变电：（建筑工程费＋安装工程费＋拆除工程费）×0.530%； 线路：（建筑工程费＋安装工程费＋拆除工程费）×0.380%	6
	合计		549

15.1.4　典型方案电气设备材料表

典型方案 C10-1 电气设备材料表见表 15-6。

表 15-6　　　　　　　　　　典型方案 C10-1 电气设备材料表

序号	设备或材料名称	单位	数量	备注
	安装工程			
	架空输电线路安装工程			
一	架空线路本体工程			
5	杆上变配电装置			
5.2	变配电装置安装			
500114848（甲）	低压柱上综合配电箱，AC380V，200kVA，三路，有补偿，进线熔断器式隔离开关，出线塑壳断路器，带剩余电流保护，补偿容量60kvar	个	1	

15.1.5　典型方案工程量表

典型方案 C10-1 工程量见表 15-7。

表 15-7　　　　　　　　　　　典型方案 C10-1 工程量表

序号	项目名称	单位	数量	备注
	安装工程			
	架空输电线路安装工程			
一	架空线路本体工程			
5	杆上变配电装置			
5.2	变配电装置安装			
JYX7-12	配电装置安装　配电箱	台	1	
	拆除工程			
	安装拆除			
	架空输电线路拆除工程			
一	架空线路本体工程			
5	杆上变配电装置			
5.2	变配电装置安装			
CYX5-12	杆上配电装置拆除　配电箱	台	1	

15.2　C10-2 更换 400kVA 低压综合配电箱（JP 柜）

15.2.1　典型方案主要内容

本典型方案为更换 1 台柱上低压综合配电箱（JP 柜），内容包括整体安装、调试，旧设备拆除；本方案为常规区域内（非配网自动化覆盖区域）的设备更换，不考虑配网自动化系统相关接入调试工作及对应费用。

15.2.2　典型方案主要技术条件

典型方案 C10-2 主要技术条件见表 15-8。

表 15-8　　　　　　　　　　　典型方案 C10-2 主要技术条件

方案名称	工程主要技术条件	
更换 0.4kV 配电箱	类型	柱上悬挂式配电箱
	容量（kVA）	400
	回路数	4
	开关形式	进线熔断器式隔离开关，出线塑壳断路器
	补偿容量（kvar）	120
	安装场所	户外
	运距	人力 0.200km；汽车 20km

15.2.3 典型方案估算书

估算投资为总投资，编制依据按第 3 章要求。典型方案 C10-2 估算书包括总估算汇总表、安装工程专业汇总表、拆除工程专业汇总表、其他费用估算表，分别见表 15-9～表 15-12。

表 15-9　　　　　　　　　　　典型方案 C10-2 总估算汇总表　　　　　　　金额单位：万元

序号	工程或费用名称	含税金额	占工程投资的比例（%）	不含税金额	可抵扣增值税金额
一	建筑工程费				
二	安装工程费	0.147	6.760	0.135	0.012
三	拆除工程费	0.023	1.060	0.021	0.002
四	设备购置费	1.949	89.570	1.725	0.224
	其中：编制基准期价差	0.006	0.280	0.006	
五	小计	2.119	97.380	1.881	0.238
	其中：甲供设备材料费	1.949	89.570	1.725	0.224
六	其他费用	0.057	2.620	0.054	0.003
七	基本预备费				
八	特殊项目				
九	工程投资合计	2.176	100	1.935	0.241
	其中：可抵扣增值税金额	0.241			0.241
	其中：施工费	0.170	7.810	0.156	0.014

表 15-10　　　　　　　　　典型方案 C10-2 安装工程专业汇总表　　　　　　　金额单位：元

序号	工程或费用名称	安装工程费			设备购置费	合计
		未计价材料费	安装费	小计		
	安装工程		1468	1468	19493	20961
	架空输电线路安装工程		1468	1468	19493	20961
一	架空线路本体工程		1468	1468	19493	20961
5	杆上变配电装置		1468	1468	19493	20961
5.2	变配电装置安装		1468	1468	19493	20961
	合计		1468	1468	19493	20961

表 15-11　　　　　　　　　典型方案 C10-2 拆除工程专业汇总表　　　　　　　金额单位：元

序号	工程或费用名称	拆除工程费
	拆除工程	235
	安装拆除	235

续表

序号	工程或费用名称	拆除工程费
	架空输电线路拆除工程	235
一	架空线路本体工程	235
5	杆上变配电装置	235
5.2	变配电装置安装	235
	合计	235

表 15-12　　　　　　典型方案 C10-2 其他费用估算表　　　　　　金额单位：元

序号	工程或费用名称	编制依据及计算说明	合价
2	项目管理费		134
2.1	管理经费	（建筑工程费+安装工程费+拆除工程费）×3.530%	60
2.2	招标费	（建筑工程费+安装工程费+拆除工程费）×1.267%	22
2.3	工程监理费	（建筑工程费+安装工程费+拆除工程费）×3.087%	53
3	项目技术服务费		431
3.1	前期工作费	（建筑工程费+安装工程费）×2.135%	31
3.3	工程勘察设计费		247
3.3.2	设计费	（建筑工程费+安装工程费+设备购置费）×1.180%	247
3.4	设计文件评审费		146
3.4.1	初步设计文件评审费	基本设计费×3.500%	70
3.4.2	施工图文件评审费	基本设计费×3.800%	76
3.5	施工过程造价咨询及竣工结算审核费	变电：（建筑工程费+安装工程费+拆除工程费）×0.530%； 线路：（建筑工程费+安装工程费+拆除工程费）×0.380%	6
	合计		565

15.2.4　典型方案电气设备材料表

典型方案 C10-2 电气设备材料表见表 15-13。

表 15-13　　　　　　典型方案 C10-2 电气设备材料表

序号	设备或材料名称	单位	数量	备注
	安装工程			
	架空输电线路安装工程			
一	架空线路本体工程			
5	杆上变配电装置			
5.2	变配电装置安装			

续表

序号	设备或材料名称	单位	数量	备注
500132919（甲）	低压柱上综合配电箱，AC380V，400kVA，四路，有补偿，进线熔断器式隔离开关，出线塑壳断路器，带剩余电流保护，补偿容量120kvar	个	1	

15.2.5 典型方案工程量表

典型方案C10-2工程量见表15-14。

表15-14　　　　　典型方案C10-2工程量表

序号	项目名称	单位	数量	备注
	安装工程			
	架空输电线路安装工程			
一	架空线路本体工程			
5	杆上变配电装置			
5.2	变配电装置安装			
JYX7-12	配电装置安装　配电箱	台	1	
	拆除工程			
	安装拆除			
	架空输电线路拆除工程			
一	架空线路本体工程			
5	杆上变配电装置			
5.2	变配电装置安装			
CYX5-12	杆上配电装置拆除　配电箱	台	1	

第 16 章　更换 10kV 柱上断路器

> **典型方案说明**
>
> 更换 10kV 柱上断路器典型方案共 2 个，按照隔离开关配置方式分为隔离开关集成配置和隔离开关单独配置典型方案。所有典型方案的工作范围包括拆除旧柱上断路器、隔离开关、避雷器，安装柱上断路器、避雷器、相关金具及断路器调试。

16.1　C11-1 更换 10kV 柱上断路器（隔离开关分开配置）

16.1.1　典型方案主要内容

本典型方案为更换 1 台柱上断路器，内容包括拆除旧柱上断路器、隔离开关、避雷器，安装柱上断路器、隔离开关、避雷器、相关金具及断路器调试。本方案为常规区域内（非配网自动化覆盖区域）的设备更换，不考虑配网自动化系统相关接入调试工作及对应费用。

16.1.2　典型方案主要技术条件

典型方案 C11-1 主要技术条件见表 16-1。

表 16-1　　　　　　　　　典型方案 C11-1 主要技术条件

方案名称	工程主要技术条件	
更换 10kV 柱上断路器（隔离开关分开配置）	灭弧介质	真空
	额定电压（kV）	10
	额定电流（A）	630
	额定短时耐受电流（kA）	20
	操作方式	电动并可手动
	是否带隔离开关	否
	安装场所	户外
	运距	人力 0.200km；汽车 20km

16.1.3　典型方案估算书

估算投资为总投资，编制依据按第 3 章要求。典型方案 C11-1 估算书包括总估算汇总表、安装工程专业汇总表、拆除工程专业汇总表、其他费用估算表，分别见表 16-2～表 16-5。

表 16-2　　　　　　　　典型方案 C11-1 总估算汇总表　　　　　　　　金额单位：万元

序号	工程或费用名称	含税金额	占工程投资的比例（%）	不含税金额	可抵扣增值税金额
一	建筑工程费				

续表

序号	工程或费用名称	含税金额	占工程投资的比例（%）	不含税金额	可抵扣增值税金额
二	安装工程费	0.864	18.94	0.779	0.085
三	拆除工程费	0.083	1.82	0.076	0.007
四	设备购置费	3.165	69.39	2.801	0.364
	其中：编制基准期价差	0.02	0.44	0.02	
五	小计	4.112	90.16	3.656	0.456
	其中：甲供设备材料费	3.596	78.84	3.182	0.414
六	其他费用	0.449	9.84	0.424	0.025
七	基本预备费				
八	特殊项目				
九	工程投资合计	4.561	100	4.08	0.481
	其中：可抵扣增值税金额	0.481			0.481
	其中：施工费	0.516	11.31	0.473	0.043

表16-3　　　　　　　　　典型方案C11-1安装工程专业汇总表　　　　　　　金额单位：元

序号	工程或费用名称	安装工程费			设备购置费	合计
		未计价材料费	安装费	小计		
	安装工程	4310	4331	8642	31653	40294
	架空输电线路安装工程	4310	4331	8642	31653	40294
一	架空线路本体工程	4310	4331	8642	31653	40294
5	杆上变配电装置	4310	4331	8642	31653	40294
5.1	变配电装置运输		159	159		159
5.2	变配电装置安装	4310	4172	8483	31653	40135
	合计	4310	4331	8642	31653	40294

表16-4　　　　　　　　　典型方案C11-1拆除工程专业汇总表　　　　　　　金额单位：元

序号	工程或费用名称	拆除工程费
	拆除工程	829
	安装拆除	829
	架空输电线路拆除工程	829
一	架空线路本体工程	829
5	杆上变配电装置	829
5.2	变配电装置安装	829
	合计	829

表 16-5　　　　　　　　典型方案 C11-1 其他费用估算表　　　　　　金额单位：元

序号	工程或费用名称	编制依据及计算说明	合价
2	项目管理费		747
2.1	管理经费	（建筑工程费＋安装工程费＋拆除工程费）×3.530%	334
2.2	招标费	（建筑工程费＋安装工程费＋拆除工程费）×1.267%	120
2.3	工程监理费	（建筑工程费＋安装工程费＋拆除工程费）×3.087%	292
3	项目技术服务费		3740
3.1	前期工作费	（建筑工程费＋安装工程费）×2.135%	185
3.3	工程勘察设计费		3314
3.3.2	设计费	设计费×100%	3314
3.4	设计文件评审费		205
3.4.1	初步设计文件评审费	基本设计费×3.500%	98
3.4.2	施工图文件评审费	基本设计费×3.800%	107
3.5	施工过程造价咨询及竣工结算审核费	变电：（建筑工程费＋安装工程费＋拆除工程费）×0.530%； 线路：（建筑工程费＋安装工程费＋拆除工程费）×0.380%	36
	合计		4486

16.1.4　典型方案电气设备材料表

典型方案 C11-1 电气设备材料表见表 16-6。

表 16-6　　　　　　　　典型方案 C11-1 电气设备材料表

序号	设备或材料名称	单位	数量	备注
	安装工程			
一	架空输电线路安装工程			
5	架空线路本体工程			
5.1	杆上变配电装置			
500002150	10kV 三相隔离开关，630A，20kA，手动双柱立开式，不接地	组	1	
500001036	柱上断路器，AC10kV，630A，20kA，真空，无隔离闸刀，户外	台	1	
500027151	交流避雷器，AC10kV，17kV，硅橡胶，50kV，不带间隙	台	6	
500129328	接续金具－JC-6（断路器类）	付	6	
500129328	接续金具－JC-6（线夹类）	付	18	
500129325	接续金具—铜绞线 C 型线夹，JC-2（185-185）	付	12	
500020157	10kV 柱上变台接地引上线扁钢预制模块（A 类）	套	1	

续表

序号	设备或材料名称	单位	数量	备注
500129326	接续金具—JC—4（开关型，185）	付	6	
500020172	接地铁—扁钢，镀锌，—6×60，6000mm（杆塔）	付	4	
500021862	电缆接线端子，铜，35mm^2，单孔	只	6	
500014863	布电线，BVR，铜，35，1	m	20	
500017402	线路角铁横担，∠75×8，1500mm，不计孔距，双侧	块	3	
500012770	单头螺栓 M16×150	件	3	
500012830	单头螺栓 M16×130	件	3	
500020138	接地铁，角钢，镀锌，∠63×6，2500mm	块	4	
500052508	半圆抱箍，ϕ16，D240，U型	块	5	
500018831	半圆抱箍，—6×60，D240，加强型	块	2	

16.1.5 典型方案工程量表

典型方案C11—1工程量见表16—7。

表16—7　　　　　　　　典型方案C11—1工程量表

序号	项目名称	单位	数量	备注
	安装工程			
	架空输电线路安装工程			
一	架空线路本体工程			
5	杆上变配电装置			
5.1	变配电装置运输			
JYX1—12	人力运输　线材　每件重（kg）400以内	t·km	0.005	
JYX1—19	人力运输　金具、绝缘子、零星钢材	t·km	0.162	
JYX1—81	汽车运输　线材　每件重400kg以内　装卸	t	0.024	
JYX1—82	汽车运输　线材　每件重400kg以内　运输	t·km	0.401	
JYX1—105	汽车运输　金具、绝缘子、零星钢材　装卸	t	0.812	
JYX1—106	汽车运输　金具、绝缘子、零星钢材　运输	t·km	16.234	
	变配电装置安装			
JYX7—10	配电装置安装　隔离开关	组	1	
JYX7—11	配电装置安装　断路器	台	1	
JGX2—57	10kV以下横担安装　铁横担　单根	组	3	
JYX8—38	避雷器安装　氧化锌避雷器 10kV	组/三相	2	

续表

序号	项目名称		单位	数量	备注
	拆除工程				
	安装拆除				
	架空输电线路拆除工程				
一	架空线路本体工程				
5	杆上变配电装置				
5.2	变配电装置安装				
CYX4-122	避雷器、避雷针拆除	避雷器拆除 10kV	组/三相	2	
CYX5-10	杆上配电装置拆除	隔离开关	组	1	
CYX5-11	杆上配电装置拆除	断路器	台	1	
CYX2-38	10kV 以下横担拆除	铁、木横担	组	1	

16.2 C11-2 更换 10kV 柱上断路器（隔离开关集成配置）

16.2.1 典型方案主要内容

本典型方案为更换 1 台柱上断路器，内容包括拆除旧柱上断路器、避雷器，安装柱上断路器（断路器集成配置 1 组隔离开关）、避雷器、相关金具及断路器调试。本方案为常规区域内（非配网自动化覆盖区域）的设备更换，不考虑配网自动化系统相关接入调试工作及对应费用。

16.2.2 典型方案主要技术条件

典型方案 C11-2 主要技术条件见表 16-8。

表 16-8　　　　　典型方案 C11-2 主要技术条件

方案名称	工程主要技术条件	
更换 10kV 柱上断路器（隔离开关集成配置）	灭弧介质	真空
	额定电压（kV）	10
	额定电流（A）	630
	额定短时耐受电流（kA）	20
	操作方式	电动并可手动
	是否带隔离开关	是
	安装场所	户外
	运距	人力 0.200km；汽车 20km

16.2.3 典型方案估算书

估算投资为总投资，编制依据按第 3 章要求。典型方案 C11-2 估算书包括总估算汇总表、安装工程专业汇总表、拆除工程专业汇总表、其他费用估算表，分别见表 16-9～表 16-12。

表 16-9　　　　　　　　　　典型方案 C11-2 总估算汇总表　　　　　　　　金额单位：万元

序号	工程或费用名称	含税金额	占工程投资的比例（%）	不含税金额	可抵扣增值税金额
一	建筑工程费				
二	安装工程费	0.771	16.920	0.693	0.078
三	拆除工程费	0.069	1.540	0.063	0.006
四	设备购置费	3.270	71.870	2.894	0.376
	其中：编制基准期价差	0.016	0.440	0.016	
五	小计	4.110	90.330	3.650	0.460
	其中：甲供设备材料费	3.701	81.320	3.275	0.426
六	其他费用	0.439	9.670	0.414	0.025
七	基本预备费				
八	特殊项目				
九	工程投资合计	4.549	100	4.064	0.485
	其中：可抵扣增值税金额	0.485			0.485
	其中：施工费	0.410	9.010	0.376	0.034

表 16-10　　　　　　　　　典型方案 C11-2 安装工程专业汇总表　　　　　　　　金额单位：元

序号	工程或费用名称	安装工程费			设备购置费	合计
		未计价材料费	安装费	小计		
	安装工程	4310	3404	7714	32698	40413
	架空输电线路安装工程	4310	3404	7714	32698	40413
一	架空线路本体工程	4310	3404	7714	32698	40413
5	杆上变配电装置	4310	3404	7714	32698	40413
5.1	变配电装置运输		159	159		159
5.2	变配电装置安装	4310	3245	7555	32698	40254
	合计	4310	3404	7714	32698	40413

表 16-11　　　　　　　　　典型方案 C11-2 拆除工程专业汇总表　　　　　　　　金额单位：元

序号	工程或费用名称	拆除工程费
	拆除工程	695
	安装拆除	695

续表

序号	工程或费用名称	拆除工程费
	架空输电线路拆除工程	695
一	架空线路本体工程	695
5	杆上变配电装置	695
5.2	变配电装置安装	695
	合计	695

表16-12　　　　　典型方案C11-2其他费用估算表　　　　金额单位：元

序号	工程或费用名称	编制依据及计算说明	合价
2	项目管理费		663
2.1	管理经费	（建筑工程费+安装工程费+拆除工程费）×3.530%	297
2.2	招标费	（建筑工程费+安装工程费+拆除工程费）×1.267%	107
2.3	工程监理费	（建筑工程费+安装工程费+拆除工程费）×3.087%	260
3	项目技术服务费		3726
3.1	前期工作费	（建筑工程费+安装工程费）×2.135%	165
3.3	工程勘察设计费		3324
3.3.2	设计费	设计费×100%	3324
3.4	设计文件评审费		206
3.4.1	初步设计文件评审费	基本设计费×3.500%	99
3.4.2	施工图文件评审费	基本设计费×3.800%	107
3.5	施工过程造价咨询及竣工结算审核费	变电：（建筑工程费+安装工程费+拆除工程费）×0.530%； 线路：（建筑工程费+安装工程费+拆除工程费）×0.380%	32
	合计		4389

16.2.4　典型方案电气设备材料表

典型方案C11-2电气设备材料表见表16-13。

表16-13　　　　　典型方案C11-2电气设备材料表

序号	设备或材料名称	单位	数量	备注
	安装工程			
一	架空输电线路安装工程			
5	架空线路本体工程			
5.1	杆上变配电装置			
500003015	柱上断路器，AC10kV，630A，20kA，真空，带隔离闸刀，户外	台	1	

续表

序号	设备或材料名称	单位	数量	备注
500027151	交流避雷器，AC10kV，17kV，硅橡胶，50kV，不带间隙	台	6	
500129328	接续金具－JC－6（断路器类）	付	6	
500129328	接续金具－JC－6（线夹类）	付	18	
500129325	接续金具－铜绞线C型线夹，JC－2（185－185）	付	12	
500020157	10kV柱上变台接地引上线扁钢预制模块（A类）	套	1	
500129326	接续金具－JC－4（开关型，185）	付	6	
500020172	接地铁－扁钢，镀锌，—6×60，6000mm（杆塔）	付	4	
500021862	电缆接线端子，铜，35mm²，单孔	只	6	
500014863	布电线，BVR，铜，35，1	m	20	
500017402	线路角铁横担，∠75×8，1500mm，不计孔距，双侧	块	3	
500012770	单头螺栓　M16×150	件	3	
500012830	单头螺栓　M16×130	件	3	
500020138	接地铁，角钢，镀锌，∠63×6，2500mm	块	4	
500052508	半圆抱箍，ϕ16，D240，U型	块	5	
500018831	半圆抱箍，—6×60，D240，加强型	块	2	

16.2.5　典型方案工程量表

典型方案C11－2工程量见表16－14。

表16－14　　　　　　典型方案C11－2工程量表

序号	项目名称	单位	数量	备注
	安装工程			
	架空输电线路安装工程			
一	架空线路本体工程			
5	杆上变配电装置			
5.1	变配电装置运输			
JYX1－12	人力运输　线材　每件重（kg）400以内	t·km	0.005	
JYX1－19	人力运输　金具、绝缘子、零星钢材	t·km	0.162	
JYX1－81	汽车运输　线材　每件重400kg以内　装卸	t	0.024	
JYX1－82	汽车运输　线材　每件重400kg以内　运输	t·km	0.401	
JYX1－105	汽车运输　金具、绝缘子、零星钢材　装卸	t	0.812	
JYX1－106	汽车运输　金具、绝缘子、零星钢材　运输	t·km	16.234	

续表

序号	项目名称	单位	数量	备注
	变配电装置安装			
JYX7－11	配电装置安装　断路器	台	1	
JGX2－57	10kV 以下横担安装　铁横担　单根	组	3	
JYX8－38	避雷器安装　氧化锌避雷器 10kV	组/三相	2	
	拆除工程			
	安装拆除			
	架空输电线路拆除工程			
一	架空线路本体工程			
5	杆上变配电装置			
5.2	变配电装置安装			
CYX4－122	避雷器、避雷针拆除　避雷器拆除 10kV	组/三相	2	
CYX5－11	杆上配电装置拆除　断路器	台	1	
CYX2－38	10kV 以下横担拆除　铁、木横担	组	1	

第17章　更换10kV电缆线路

> **典型方案说明**
>
> 更换10kV电缆线路方案共3个，按照电缆截面不同分为更换三芯70mm²截面铜芯电缆、三芯120mm²截面铜芯电缆和三芯240mm²截面铜芯电缆典型方案，敷设方式为电缆排管敷设。所有典型方案的工作范围包括拆除旧电缆、电缆中间头、终端头；电缆设备材料运输；电缆通道开挖及回填；开挖土方清运；电缆排管及工作井混凝土浇制；电缆井支架制作及安装；电缆敷设；电缆孔洞防火封堵及工作井内电缆防火涂料涂刷；电缆终端头制作；电缆耐压试验；电缆接地装置安装。

17.1　C12-1更换10kV 70mm²电缆线路（4+2孔排管）

17.1.1　典型方案主要内容

本典型方案为更换1km 10kV 70mm²电缆线路，内容包括拆除旧电缆、电缆中间头、终端头，电缆设备材料运输；电缆通道开挖及回填；开挖土方清运；浇制1km 4+2孔电缆排管、15座3×1.9×1.8直线井及5座6×1.9×1.8转角井；电缆井支架制作及安装；电缆敷设；电缆孔洞防火封堵及工作井内电缆防火涂料涂刷；2个电缆终端及3个电缆中间头的制作；电缆耐压试验；电缆接地装置安装。

17.1.2　典型方案主要技术条件

典型方案C12-1主要技术条件见表17-1。

表17-1　　　　　　　　典型方案C12-1主要技术条件

方案名称	工程主要技术条件	
更换10kV 70mm²电缆线路（4+2孔排管）	额定电压（kV）	10
	敷设方式	4+2孔电缆排管敷设
	规格型号	AC10kV，YJV，70，3，22，ZA，无阻水
	地形	100%平地
	地质	100%普土
	运距	人力0.200km；汽车20km

17.1.3　典型方案估算书

估算投资为总投资，编制依据按第3章要求。典型方案C12-1估算书包括总估算汇总表、安装工程专业汇总表、建筑工程专业汇总表、拆除工程专业汇总表、其他费用估算表，分别见表17-2～表17-6。

表 17-2　　典型方案 C12-1 总估算汇总表　　金额单位：万元

序号	工程或费用名称	含税金额	占工程投资的比例（%）	不含税金额	可抵扣增值税金额
一	建筑工程费	182.832	62.9	167.801	15.031
二	安装工程费	44.286	15.23	40.595	3.691
三	拆除工程费	0.771	0.27	0.707	0.064
四	设备购置费	21.17	7.28	18.737	2.433
	其中：编制基准期价差	1.86	0.64	1.86	
五	小计	249.059	85.68	227.84	21.219
	其中：甲供设备材料费	22.217	7.64	19.663	2.554
六	其他费用	41.633	14.32	39.276	2.357
七	基本预备费				
八	特殊项目				
九	工程投资合计	290.692	100	267.116	23.576
	其中：可抵扣增值税金额	23.576			23.576
	其中：施工费	226.843	78.04	208.178	18.665

表 17-3　　典型方案 C12-1 安装工程专业汇总表　　金额单位：元

序号	工程或费用名称	安装工程费			设备购置费	合计
		主要材料费	安装费	小计		
	安装工程	219120	223743	442863	211701	654564
	陆上电缆线路安装工程	219120	223743	442863	211701	654564
1	电缆桥、支架制作安装	45979	72176	118155		118155
2	电缆敷设		39458	39458	208204	247662
2.1	10kV 电缆敷设		39458	39458	208204	247662
3	电缆附件	10468	4147	14615	3497	18112
3.1	10kV 电缆接头制作	10468	4147	14615	3497	18112
4	避雷及接地工程	110223	98642	208865		208865
4.2	接地装置安装（排管）	104322	92280	196602		196602
4.2	接地装置安装（工作井）	5901	6362	12263		12263
6	电缆防火	52451	5860	58310		58310
7	电缆调试与试验		3459	3459		3459
	合计	219120	223743	442863	211701	654564

表17-4 典型方案C12-1建筑工程专业汇总表　　　　金额单位：元

序号	工程或费用名称	设备费	主要材料费	建筑费	建筑工程费合计
	建筑工程		991086	837237	1828322
	陆上电缆线路建筑工程		991086	837237	1828322
1	土石方		59663	161100	220763
1.1	土石方挖填（3×1.9×1.8直线井）			48261	48261
1.1	土石方挖填（6×1.9×1.8转角井）			72392	72392
1.2	开挖及修复路面		59663	40447	100110
2	构筑物		931422	676137	1607559
2.1	材料运输			17922	17922
2.4	工作井		125161	139096	264257
	3×1.9×1.8直线井		79906	90257	170162
	6×1.9×1.8转角井		45255	48840	94095
2.5	电缆埋管		806262	519118	1325380
	合计		991086	837237	1828322

表17-5 典型方案C12-1拆除工程专业汇总表　　　　金额单位：元

序号	工程或费用名称	拆除工程费
	拆除工程	7710
	安装拆除	7710
	陆上电缆线路安装工程	7710
2	电缆敷设	7710
2.1	10kV电缆敷设	7710
	合计	7710

表17-6 典型方案C12-1其他费用估算表　　　　金额单位：元

序号	工程或费用名称	编制依据及计算说明	合价
2	项目管理费		179668
2.1	管理经费	（建筑工程费+安装工程费+拆除工程费）×3.53%	80445
2.2	招标费	（建筑工程费+安装工程费+拆除工程费）×1.267%	28874
2.3	工程监理费	（建筑工程费+安装工程费+拆除工程费）×3.087%	70350
3	项目技术服务费		236658
3.1	前期工作费	（建筑工程费+安装工程费）×2.135%	48490
3.3	工程勘察设计费		169050

续表

序号	工程或费用名称	编制依据及计算说明	合价
3.3.2	设计费	设计费×100%	169050
3.4	设计文件评审费		10458
3.4.1	初步设计文件评审费	基本设计费×3.5%	5014
3.4.2	施工图文件评审费	基本设计费×3.8%	5444
3.5	施工过程造价咨询及竣工结算审核费	变电：（建筑工程费+安装工程费+拆除工程费）×0.53%； 线路：（建筑工程费+安装工程费+拆除工程费）×0.38%	8660
	合计		416326

17.1.4 典型方案电气设备材料表

典型方案 C12-1 电气设备材料表见表 17-7。

表 17-7　　　　　　　　典型方案 C12-1 电气设备材料表

序号	设备或材料名称	单位	数量	备注
	安装工程			
	陆上电缆线路安装工程			
1	电缆桥、支架制作安装			
	电缆角钢支架 ∠63×6	kg	5000	
2	电缆敷设			
2.1	10kV 电缆敷设			
500108478	电力电缆，AC10kV，YJV，70，3，22，ZA，无阻水	m	1000	
3	电缆附件			
3.1	10kV 电缆接头制作			
500021433	10kV 电缆中间接头，3×70，直通接头，冷缩，铜	套	3	
500022063	电缆接头保护盒，玻璃钢	只	3	
	灭火弹（悬挂式干粉灭火装置 XZFTBGL6）12kg	套	3	
500021056	10kV 电缆终端，3×70，户内终端，冷缩，铜	套	2	
500021956	电缆接线端子，铜镀锡，70mm^2，单孔	只	6	
4	避雷及接地工程			
4.1	接地装置安装（排管）			
	接地扁钢，—6×60，6000mm	t	16.956	
4.2	接地装置安装（工作井）			
500020107	接地铁，角钢，镀锌，∠50×5，2500mm	kg	942.500	
500011727	防火涂料	t	0.043	
	有机防火堵料	t	0.050	

17.1.5 典型方案工程量表

典型方案 C12－1 工程量见表 17－8。

表 17－8　　　　　　　　　　典型方案 C12－1 工程量表

编码	项目名称	单位	数量	备注
	建筑工程			
	陆上电缆线路建筑工程			
1	土石方			
1.1	土石方挖填（3×1.9×1.8 直线井）			
JYL1－1	电缆沟、槽、坑人工挖方及回填　普通土　坑深（m）2.0 以内	m³	154.56	
JYX1－22	人力运输　其他建筑安装材料	t·km	69.552	
JYX1－107	汽车运输　其他建筑安装材料　装卸	t	231.84	
JYX1－108	汽车运输　其他建筑安装材料　运输	t·km	4636.8	
1.1	土石方挖填（6×1.9×1.8 转角井）			
JYL1－1	电缆沟、槽、坑人工挖方及回填　普通土　坑深（m）2.0 以内	m³	231.84	
JYX1－22	人力运输　其他建筑安装材料	t·km	104.328	
JYX1－107	汽车运输　其他建筑安装材料　装卸	t	347.76	
JYX1－108	汽车运输　其他建筑安装材料　运输	t·km	6955.2	
1.2	开挖及修复路面			
	透水砖	m²	1000	
JYL1－49	恢复路面　预制块面层	m²	1000	
JYX1－6	人力运输　混凝土预制品　每件重（kg）100 以内	t·km	1.508	
JYX1－22	人力运输　其他建筑安装材料	t·km	23.864	
JYX1－69	汽车运输　混凝土预制品　每件重　100kg 以内　装卸	t	5.025	
JYX1－70	汽车运输　混凝土预制品　每件重　100kg 以内　运输	t·km	100.5	
JYX1－107	汽车运输　其他建筑安装材料　装卸	t	79.547	
JYX1－108	汽车运输　其他建筑安装材料　运输	t·km	1590.938	
2	构筑物	元/km		
2.1	材料运输			
JYX1－19	人力运输　金具、绝缘子、零星钢材	t·km	14.679	
JYX1－22	人力运输　其他建筑安装材料	t·km	11.629	
JYX1－105	汽车运输　金具、绝缘子、零星钢材　装卸	t	48.929	
JYX1－106	汽车运输　金具、绝缘子、零星钢材　运输	t·km	978.589	
JYX1－107	汽车运输　其他建筑安装材料　装卸	t	38.765	
JYX1－108	汽车运输　其他建筑安装材料　运输	t·km	775.291	

续表

编码	项目名称	单位	数量	备注
2.4	工作井			
	3×1.9×1.8 直线井			
JYL1-61	沟体、工井 工井浇制 直线	m³	43.68	
JYL1-57	垫层 碎石 灌浆	m³	11.04	
JYL1-76	一般钢筋制作、安装	t	5.749	
JYL1-95	型钢框预制盖板制作	m³	18.963	
JYL1-103	揭、盖电缆沟盖板 每块重量（kg）120 以上	块	90	
	6×1.9×1.8 转角井			
JYL1-61	沟体、工井 工井浇制 直线	m³	21	
JYL1-57	垫层 碎石 灌浆	m³	7.36	
JYL1-76	一般钢筋制作、安装	t	3.664	
JYL1-95	型钢框预制盖板制作	m³	10.535	
JYL1-103	揭、盖电缆沟盖板 每块重量（kg）120 以上	块	50	
2.5	电缆埋管			
JGL1-7	排管工程 排管浇筑 两层	m³	368	
	安装工程			
三	陆上电缆线路安装工程			
JGD7-4	电缆支架、桥架安装 电缆支架 钢质	t	5	
JGT8-12	钢结构其他项目 钢结构 镀锌	t	5	
JYX1-19	人力运输 金具、绝缘子、零星钢材	t·km	1.508	
JYX1-105	汽车运输 金具、绝缘子、零星钢材 装卸	t	5.025	
JYX1-106	汽车运输 金具、绝缘子、零星钢材 运输	t·km	100.5	
2	电缆敷设	元/km		
2.1	10kV 电缆敷设			
JGL2-13	10kV 电缆敷设 沟槽直埋（mm²）70 以内	100m/三相	10	
JYX1-16	人力运输 线材 每件重（kg）2000 以上	t·km	0.356	
JYX1-89	汽车运输 线材 每件重 4000kg 以内 装卸	t	1.187	
JYX1-90	汽车运输 线材 每件重 4000kg 以内 运输	t·km	23.735	
3	电缆附件	元/km		
3.1	10kV 电缆接头制作			
JGL3-3	10kV 电缆中间接头制作安装 中间接头截面（mm²）120 以内	套/三相	3	
JGL3-22	10kV 电缆终端制作安装 户外截面（mm²）120 以内	套/三相	2	

续表

编码	项目名称	单位	数量	备注
JYX1-19	人力运输　金具、绝缘子、零星钢材	t·km	0.035	
JYX1-105	汽车运输　金具、绝缘子、零星钢材　装卸	t	0.116	
JYX1-106	汽车运输　金具、绝缘子、零星钢材　运输	t·km	2.322	
4	避雷及接地工程			
4.2	接地装置安装（排管）			
JYL4-17	接地装置安装　接地敷设　扁钢	m	1000	
JGT8-12	钢结构其他项目　钢结构　镀锌	t	16.956	
JYX1-19	人力运输　金具、绝缘子、零星钢材	t·km	5.417	
JYX1-105	汽车运输　金具、绝缘子、零星钢材　装卸	t	18.058	
JYX1-106	汽车运输　金具、绝缘子、零星钢材　运输	t·km	361.163	
4.3	接地装置安装（工作井）			
JYL4-15	接地装置安装　接地极制作安装　角钢	根	60	
JYL4-15	接地装置安装　接地极制作安装　角钢	根	40	
JGT8-12	钢结构其他项目　钢结构　镀锌	t	0.943	
JYX1-19	人力运输　金具、绝缘子、零星钢材	t·km	0.284	
JYX1-105	汽车运输　金具、绝缘子、零星钢材　装卸	t	0.947	
JYX1-106	汽车运输　金具、绝缘子、零星钢材　运输	t·km	18.944	
6	电缆防火	元/km		
JGD7-11	电缆防火安装　防火涂料	t	0.043	
JGD7-10	电缆防火安装　防火堵料	t	0.05	
JYX1-22	人力运输　其他建筑安装材料	t·km	0.029	
JYX1-107	汽车运输　其他建筑安装材料　装卸	t	0.096	
JYX1-108	汽车运输　其他建筑安装材料　运输	t·km	1.919	
7	电缆调试与试验			
JYL5-1	电缆护层试验　摇测	互联段/三相	1	
JYL5-7	电缆主绝缘试验　交流耐压试验 10kV 长度 1km 以内	回路	1	
	拆除工程			
	安装拆除			
	陆上电缆线路安装工程			
2	电缆敷设	元/km		
2.1	10kV 电缆敷设			

续表

编码	项目名称	单位	数量	备注
CYL1-46	10kV 电缆拆除 排管内 截面面积（mm²）70 以下	100m/三相	10	
CYL2-1	电缆中间接头、终端拆除 交联电缆中间接头或终端拆除 截面面积（mm²）150 以下	套/三相	5	

17.2 C12-2 更换 10kV 120mm² 电缆线路（9+2 孔排管）

17.2.1 典型方案主要内容

本典型方案为更换 1km 10kV 120mm² 电缆线路，内容包括拆除旧电缆、电缆中间头、终端头，电缆设备材料运输；电缆通道开挖及回填；开挖土方清运；浇制 1km 9+2 孔电缆排管，15 座 3×1.9×1.8 直线井及 5 座 6×1.9×1.8 转角井；电缆井支架制作及安装；电缆敷设；电缆孔洞防火封堵及工作井内电缆防火涂料涂刷；2 个电缆终端及 3 个电缆中间头的制作；电缆耐压试验；电缆接地装置安装。

17.2.2 典型方案主要技术条件

典型方案 C12-2 主要技术条件见表 17-9。

表 17-9　　　　　　　　典型方案 C12-2 主要技术条件

方案名称	工程主要技术条件	
更换 10kV 120mm² 电缆线路（9+2 孔排管）	额定电压（kV）	10
	敷设方式	9+2 孔电缆排管敷设
	规格型号	AC10kV，YJV，120，3，22，ZA，无阻水
	地形	100%平地
	地质	100%普土
	运距	人力 0.200km；汽车 20km

17.2.3 典型方案估算书

估算投资为总投资，编制依据按第 3 章要求。典型方案 C12-2 估算书包括总估算汇总表、安装工程专业汇总表、建筑工程专业汇总表、拆除工程专业汇总表、其他费用估算表，分别见表 17-10～表 17-14。

表 17-10　　　　　典型方案 C12-2 总估算汇总表　　　　　金额单位：万元

序号	工程或费用名称	含税金额	占工程投资的比例（%）	不含税金额	可抵扣增值税金额
一	建筑工程费	335.957	69.05	308.581	27.376
二	安装工程费	45.642	9.38	41.84	3.802
三	拆除工程费	1.456	0.3	1.336	0.12

续表

序号	工程或费用名称	含税金额	占工程投资的比例（%）	不含税金额	可抵扣增值税金额
四	设备购置费	36.579	7.52	32.374	4.205
	其中：编制基准期价差	2.995	0.62	2.995	
五	小计	419.634	86.25	384.131	35.503
	其中：甲供设备材料费	37.609	7.73	33.286	4.323
六	其他费用	66.893	13.75	63.107	3.786
七	基本预备费				
八	特殊项目				
九	工程投资合计	486.527	100	447.238	39.289
	其中：可抵扣增值税金额	39.289			39.289
	其中：施工费	382.026	78.52	350.846	31.18

表 17-11　　　　　　　　典型方案 C12-2 安装工程专业汇总表　　　　　　　　金额单位：元

序号	工程或费用名称	安装工程费			设备购置费	合计
		主要材料费	安装费	小计		
	安装工程	220996	235425	456420	365793	822214
	陆上电缆线路安装工程	220996	235425	456420	365793	822214
1	电缆桥、支架制作安装	45979	72176	118155		118155
2	电缆敷设		50837	50837	361681	412518
2.1	10kV 电缆敷设		50837	50837	361681	412518
3	电缆附件	10299	4141	14440	4112	18553
3.1	10kV 电缆接头制作	10299	4141	14440	4112	18553
4	避雷及接地工程	110223	98642	208865		208865
4.2	接地装置安装（排管）	104322	92280	196602		196602
4.2	接地装置安装（工作井）	5901	6362	12263		12263
6	电缆防火	54495	6168	60663		60663
7	电缆调试与试验		3459	3459		3459
	合计	220996	235425	456420	365793	822214

表 17-12　　　　　　　　典型方案 C12-2 建筑工程专业汇总表　　　　　　　　金额单位：元

序号	工程或费用名称	设备费	主要材料费	建筑费	建筑工程费合计
	建筑工程		1836405	1523169	3359574
	陆上电缆线路建筑工程		1836405	1523169	3359574
1	土石方		73004	771464	844467

续表

序号	工程或费用名称	设备费	主要材料费	建筑费	建筑工程费合计
1.1	土石方挖填（3×3 孔排管）			556194	556194
1.2	土石方挖填（3×1.9×1.8 直线井）			72392	72392
1.3	土石方挖填（6×1.9×1.8 转角井）			48261	48261
1.4	开挖及修复路面		73004	94617	167621
2	构筑物		1763401	751705	2515107
2.1	材料运输			23406	23406
2.4	工作井		125161	139096	264257
	3×1.9×1.8 直线井		79906	90257	170162
	6×1.9×1.8 转角井		45255	48840	94095
2.5	电缆埋管		1638241	589203	2227444
	合计		1836405	1523169	3359574

表 17-13　　　　　典型方案 C12-2 拆除工程专业汇总表　　　　金额单位：元

序号	工程或费用名称	拆除工程费
	拆除工程	14564
	安装拆除	14564
	陆上电缆线路安装工程	14564
2	电缆敷设	14564
2.1	10kV 电缆敷设	14564
	合计	14564

表 17-14　　　　　典型方案 C12-2 其他费用估算表　　　　金额单位：元

序号	工程或费用名称	编制依据及计算说明	合价
2	项目管理费		302001
2.1	管理经费	（建筑工程费+安装工程费+拆除工程费）×3.53%	135219
2.2	招标费	（建筑工程费+安装工程费+拆除工程费）×1.267%	48533
2.3	工程监理费	（建筑工程费+安装工程费+拆除工程费）×3.087%	118249
3	项目技术服务费		366924
3.1	前期工作费	（建筑工程费+安装工程费）×2.135%	81471
3.3	工程勘察设计费		255114
3.3.2	设计费	设计费×100%	255114
3.4	设计文件评审费		15782
3.4.1	初步设计文件评审费	基本设计费×3.5%	7567

续表

序号	工程或费用名称	编制依据及计算说明	合价
3.4.2	施工图文件评审费	基本设计费×3.8%	8216
3.5	施工过程造价咨询及竣工结算审核费	变电：(建筑工程费+安装工程费+拆除工程费)×0.53%；线路：(建筑工程费+安装工程费+拆除工程费)×0.38%	14556
	合计		668925

17.2.4 典型方案电气设备材料表

典型方案C12-2电气设备材料表见表17-15。

表17-15　　　　　　典型方案C12-2电气设备材料表

序号	设备或材料名称	单位	数量	备注
	安装工程			
	陆上电缆线路安装工程			
1	电缆桥、支架制作安装			
	电缆角钢支架 ∠63×6	kg	5000	
2	电缆敷设			
2.1	10kV 电缆敷设			
500108449	电力电缆，AC10kV，YJV，120，3，22，ZA，无阻水	m	1000	
3	电缆附件			
3.1	10kV 电缆接头制作			
500021377	10kV 电缆中间接头，3×120，直通接头，冷缩，铜	套	3	
500022063	电缆接头保护盒，玻璃钢	只	3	
	灭火弹（悬挂式干粉灭火装置 XZFTBGL6）12kg	套	3	
500021057	10kV 电缆终端，3×120，户内终端，冷缩，铜	套	2	
500050547	电缆接线端子，铜镀锡，120mm²，单孔	只	6	
4	避雷及接地工程			
4.1	接地装置安装（排管）			
	接地扁钢，—6×60，6000mm	t	16.956	
4.2	接地装置安装（工作井）			
500020107	接地铁，角钢，镀锌，∠50×5，2500mm	kg	942.500	
6	电缆防火			
500011727	防火涂料	t	0.049	
	有机防火堵料	t	0.050	

17.2.5 典型方案工程量表

典型方案 C12-2 工程量见表 17-16。

表 17-16　　　　　　　　　　典型方案 C12-2 工程量表

编码	项目名称	单位	数量	备注
	建筑工程			
	陆上电缆线路建筑工程			
1	土石方			
1.1	土石方挖填（3×3 孔排管）			
JYL1-1	电缆沟、槽、坑人工挖方及回填　普通土　坑深（m）2.0 以内	m^3	1781.25	
JYX1-22	人力运输　其他建筑安装材料	t·km	801.563	
JYX1-107	汽车运输　其他建筑安装材料　装卸	t	2671.875	
JYX1-108	汽车运输　其他建筑安装材料　运输	t·km	53437.5	
1.2	土石方挖填（3×1.9×1.8 直线井）			
JYL1-1	电缆沟、槽、坑人工挖方及回填　普通土　坑深（m）2.0 以内	m^3	231.84	
JYX1-22	人力运输　其他建筑安装材料	t·km	104.328	
JYX1-107	汽车运输　其他建筑安装材料　装卸	t	347.76	
JYX1-108	汽车运输　其他建筑安装材料　运输	t·km	6955.2	
1.3	土石方挖填（6×1.9×1.8 转角井）			
JYL1-1	电缆沟、槽、坑人工挖方及回填　普通土　坑深（m）2.0 以内	m^3	154.56	
JYX1-22	人力运输　其他建筑安装材料	t·km	69.552	
JYX1-107	汽车运输　其他建筑安装材料　装卸	t	231.84	
JYX1-108	汽车运输　其他建筑安装材料　运输	t·km	4636.8	
1.4	开挖及修复路面			
JYL1-34	破路面　人行道彩色预制块路面　厚度 120mm	m^2	1250	
JYL1-49	恢复路面　预制块面层	m^2	1250	
JYX1-6	人力运输　混凝土预制品　每件重（kg）100 以内	t·km	1.884	
JYX1-22	人力运输　其他建筑安装材料	t·km	23.864	
JYX1-69	汽车运输　混凝土预制品　每件重　100kg 以内　装卸	t	6.281	
JYX1-70	汽车运输　混凝土预制品　每件重　100kg 以内　运输	t·km	125.625	
JYX1-107	汽车运输　其他建筑安装材料　装卸	t	79.547	
JYX1-108	汽车运输　其他建筑安装材料　运输	t·km	1590.938	
2	构筑物	元/km		
2.1	材料运输			
JYX1-19	人力运输　金具、绝缘子、零星钢材	t·km	20.572	

续表

编码	项目名称	单位	数量	备注
JYX1-22	人力运输　其他建筑安装材料	t·km	13.309	
JYX1-105	汽车运输　金具、绝缘子、零星钢材　装卸	t	68.574	
JYX1-106	汽车运输　金具、绝缘子、零星钢材　运输	t·km	1371.482	
JYX1-107	汽车运输　其他建筑安装材料　装卸	t	44.365	
JYX1-108	汽车运输　其他建筑安装材料　运输	t·km	887.29	
2.4	工作井			
	3×1.9×1.8 直线井			
JYL1-61	沟体、工井　工井浇制　直线	m³	43.68	
JYL1-57	垫层　碎石　灌浆	m³	11.04	
JYL1-76	一般钢筋制作、安装	t	5.749	
JYL1-95	型钢框预制盖板制作	m³	18.963	
JYL1-103	揭、盖电缆沟盖板　每块重量（kg）120 以上	块	90	
	6×1.9×1.8 转角井			
JYL1-61	沟体、工井　工井浇制　直线	m³	21	
JYL1-57	垫层　碎石　灌浆	m³	7.36	
JYL1-76	一般钢筋制作、安装	t	3.664	
JYL1-95	型钢框预制盖板制作	m³	10.535	
JYL1-103	揭、盖电缆沟盖板　每块重量（kg）120 以上	块	50	
2.5	电缆埋管			
JYL1-58	垫层　素混凝土	m³	125	
JYL1-73	排管浇制　三层	m³	870.434	
JYL1-75	排管浇制　电缆管敷设	m	11000	
JYL1-76	一般钢筋制作、安装	t	45.533	
	安装工程			
	陆上电缆线路安装工程			
1	电缆桥、支架制作安装	元/km		
JGD7-4	电缆支架、桥架安装　电缆支架　钢质	t	5	
JGT8-12	钢结构其他项目　钢结构　镀锌	t	5	
JYX1-19	人力运输　金具、绝缘子、零星钢材	t·km	1.508	
JYX1-105	汽车运输　金具、绝缘子、零星钢材　装卸	t	5.025	
JYX1-106	汽车运输　金具、绝缘子、零星钢材　运输	t·km	100.5	
2	电缆敷设	元/km		

续表

编码	项目名称	单位	数量	备注
2.1	10kV 电缆敷设			
JGL2-14	10kV 电缆敷设 沟槽直埋（mm²）240 以内	100m/三相	10	
JYX1-16	人力运输 线材 每件重（kg）2000 以上	t·km	0.563	
JYX1-89	汽车运输 线材 每件重 4000kg 以内 装卸	t	1.876	
JYX1-90	汽车运输 线材 每件重 4000kg 以内 运输	t·km	37.511	
3	电缆附件	元/km		
3.1	10kV 电缆接头制作			
JGL3-3	10kV 电缆中间接头制作安装 中间接头截面（mm²）120 以内	套/三相	3	
JGL3-22	10kV 电缆终端制作安装 户外截面（mm²）120 以内	套/三相	2	
JYX1-19	人力运输 金具、绝缘子、零星钢材	t·km	0.027	
JYX1-105	汽车运输 金具、绝缘子、零星钢材 装卸	t	0.091	
JYX1-106	汽车运输 金具、绝缘子、零星钢材 运输	t·km	1.821	
4	避雷及接地工程			
4.1	接地装置安装（排管）			
JYL4-17	接地装置安装 接地敷设 扁钢	m	1000	
JGT8-12	钢结构其他项目 钢结构 镀锌	t	16.956	
JYX1-19	人力运输 金具、绝缘子、零星钢材	t·km	5.417	
JYX1-105	汽车运输 金具、绝缘子、零星钢材 装卸	t	18.058	
JYX1-106	汽车运输 金具、绝缘子、零星钢材 运输	t·km	361.163	
4.2	接地装置安装（工作井）			
JYL4-15	接地装置安装 接地极制作安装 角钢	根	60	
JYL4-15	接地装置安装 接地极制作安装 角钢	根	40	
JGT8-12	钢结构其他项目 钢结构 镀锌	t	0.943	
JYX1-19	人力运输 金具、绝缘子、零星钢材	t·km	0.284	
JYX1-105	汽车运输 金具、绝缘子、零星钢材 装卸	t	0.947	
JYX1-106	汽车运输 金具、绝缘子、零星钢材 运输	t·km	18.944	
6	电缆防火	元/km		
JGD7-11	电缆防火安装 防火涂料	t	0.049	
JGD7-10	电缆防火安装 防火堵料	t	0.05	
JYX1-22	人力运输 其他建筑安装材料	t·km	0.031	
JYX1-107	汽车运输 其他建筑安装材料 装卸	t	0.102	
JYX1-108	汽车运输 其他建筑安装材料 运输	t·km	2.04	

续表

编码	项目名称	单位	数量	备注
7	电缆调试与试验			
JYL5-1	电缆护层试验 摇测	互联段/三相	1	
JYL5-7	电缆主绝缘试验 交流耐压试验 10kV 长度1km以内	回路	1	
	拆除工程			
	安装拆除			
	陆上电缆线路安装工程			
2	电缆敷设	元/km		
2.1	10kV 电缆敷设			
CYL1-47	10kV 电缆拆除 排管内 截面面积（mm²）120以下	100m/三相	10	
CYL2-1	电缆中间接头、终端拆除 交联电缆中间接头或终端拆除 截面面积（mm²）150以下	套/三相	5	

17.3 C12-3 更换 10kV 240mm² 电缆线路（9+2 孔排管）

17.3.1 典型方案主要内容

本典型方案为更换 1km 10kV 240mm² 电缆线路，内容包括拆除旧电缆、电缆中间头、终端头，电缆设备材料运输；电缆通道开挖及回填；开挖土方清运；浇制 1km 9+2 孔电缆排管、15 座 3×1.9×1.8 直线井及 5 座 6×1.9×1.8 转角井；电缆井支架制作及安装；电缆敷设；电缆孔洞防火封堵及工作井内电缆防火涂料涂刷；2 个电缆终端及 3 个电缆中间头的制作；电缆耐压试验；电缆接地装置安装。

17.3.2 典型方案主要技术条件

典型方案 C12-3 主要技术条件见表 17-17。

表 17-17　　　　　　典型方案 C12-3 主要技术条件

方案名称	工程主要技术条件	
更换 10kV 240mm² 电缆线路（9+2 孔排管）	额定电压（kV）	10
	敷设方式	9+2 孔电缆排管敷设
	规格型号	AC10kV，YJV，240，3，22，ZA，无阻水
	地形	100%平地
	地质	100%普土
	运距	人力 0.200km；汽车 20km

17.3.3 典型方案估算书

估算投资为总投资，编制依据按第 3 章要求。典型方案 C12-3 估算书包括总估算汇总表、安装工程专业汇总表、建筑工程专业汇总表、拆除工程专业汇总表、其他费用估算表，分别见表 17-18～表 17-22。

表 17-18　　　　　　　　　典型方案 C12-3 总估算汇总表　　　　　　　　金额单位：万元

序号	工程或费用名称	含税金额	占工程投资的比例（%）	不含税金额	可抵扣增值税金额
一	建筑工程费	335.957	65.54	308.581	27.376
二	安装工程费	46.319	9.04	42.46	3.859
三	拆除工程费	1.835	0.36	1.684	0.151
四	设备购置费	60.186	11.74	53.268	6.918
	其中：编制基准期价差	3.02	0.59	3.02	
五	小计	444.297	86.68	405.993	38.304
	其中：甲供设备材料费	61.236	11.95	54.197	7.039
六	其他费用	68.29	13.32	64.425	3.865
七	基本预备费				
八	特殊项目				
九	工程投资合计	512.587	100	470.418	42.169
	其中：可抵扣增值税金额	42.169			42.169
	其中：施工费	383.061	74.73	351.796	31.265

表 17-19　　　　　　　　典型方案 C12-3 安装工程专业汇总表　　　　　　　　金额单位：元

序号	工程或费用名称	安装工程费			设备购置费	合计
		主要材料费	安装费	小计		
	安装工程	224602	238588	463190	601863	1065054
	陆上电缆线路安装工程	224602	238588	463190	601863	1065054
1	电缆桥、支架制作安装	45979	72176	118155		118155
2	电缆敷设		51424	51424	597410	648835
2.1	10kV 电缆敷设		51424	51424	597410	648835
3	电缆附件	10499	6203	16702	4453	21155
3.1	10kV 电缆接头制作	10499	6203	16702	4453	21155
4	避雷及接地工程	110223	98642	208865		208865
4.1	接地装置安装（排管）	104322	92280	196602		196602
4.2	接地装置安装（工作井）	5901	6362	12263		12263

续表

序号	工程或费用名称	安装工程费			设备购置费	合计
		主要材料费	安装费	小计		
6	电缆防火	57902	6682	64584		64584
7	电缆调试与试验		3459	3459		3459
	合计	224602	238588	463190	601863	1065054

表17-20 典型方案C12-3建筑工程专业汇总表 金额单位：元

序号	工程或费用名称	设备费	主要材料费	建筑费	建筑工程费合计
	建筑工程		1836405	1523169	3359574
	陆上电缆线路建筑工程		1836405	1523169	3359574
1	土石方		73004	771464	844467
1.1	土石方挖填（3×1.9×1.8直线井）			556194	556194
1.2	土石方挖填（6×1.9×1.8转角井）			72392	72392
1.3	开挖及修复路面			48261	48261
2	构筑物		73004	94617	167621
2.1	材料运输		1763401	751705	2515107
2.4	工作井			23406	23406
	3×1.9×1.8 直线井		125161	139096	264257
	6×1.9×1.8 转角井		79906	90257	170162
2.5	电缆埋管		45255	48840	94095
	合计		1836405	1523169	3359574

表17-21 典型方案C12-3拆除工程专业汇总表 金额单位：元

序号	工程或费用名称	拆除工程费
	拆除工程	18347
	安装拆除	18347
	陆上电缆线路安装工程	18347
2	电缆敷设	18347
2.1	10kV 电缆敷设	18347
	合计	18347

表 17-22　　典型方案 C12-3 其他费用估算表　　金额单位：元

序号	工程或费用名称	编制依据及计算说明	合价
2	项目管理费		302833
2.1	管理经费	（建筑工程费+安装工程费+拆除工程费）×3.530%	135591
2.2	招标费	（建筑工程费+安装工程费+拆除工程费）×1.267%	48667
2.3	工程监理费	（建筑工程费+安装工程费+拆除工程费）×3.087%	118575
3	项目技术服务费		380068
3.1	前期工作费	（建筑工程费+安装工程费）×2.135%	81616
3.3	工程勘察设计费		267318
3.3.2	设计费	设计费×100%	267318
3.4	设计文件评审费		16537
3.4.1	初步设计文件评审费	基本设计费×3.5%	7929
3.4.2	施工图文件评审费	基本设计费×3.8%	8609
3.5	施工过程造价咨询及竣工结算审核费	变电：（建筑工程费+安装工程费+拆除工程费）×0.53%； 线路：（建筑工程费+安装工程费+拆除工程费）×0.38%	14596
	合计		682901

17.3.4　典型方案电气设备材料表

典型方案 C12-3 电气设备材料表见表 17-23。

表 17-23　　典型方案 C12-3 电气设备材料表

序号	设备或材料名称	单位	数量	备注
	安装工程			
	陆上电缆线路安装工程			
1	电缆桥、支架制作安装			
	电缆角钢支架　∠63×6	kg	5000	
2	电缆敷设			
2.1	10kV 电缆敷设			
500108302	电力电缆，AC10kV，YJV，240，3，22，ZA，无阻水	m	1000	
3	电缆附件			
3.1	10kV 电缆接头制作			
500021404	10kV 电缆中间接头，3×240，直通接头，冷缩，铜	套	3	
500022063	电缆接头保护盒，玻璃钢	只	3	
	灭火弹（悬挂式干粉灭火装置 XZFTBGL6）12kg	套	3	

续表

序号	设备或材料名称	单位	数量	备注
500021060	10kV 电缆终端，3×240，户内终端，冷缩，铜	套	2	
500050547	电缆接线端子，铜镀锡，120mm²，单孔	只	6	
4	避雷及接地工程			
4.1	接地装置安装（排管）			
	接地扁钢，—6×60，6000mm	t	16.956	
4.2	接地装置安装（工作井）			
500020107	接地铁，角钢，镀锌，∠50×5，2500mm	kg	942.500	
6	电缆防火			
	防火涂料	t	0.059	
500011727	有机防火堵料	t	0.050	
	拆除工程			
	安装拆除			
	陆上电缆线路安装工程			
2	电缆敷设			
2.1	10kV 电缆敷设			
CYL1-47	10kV 电缆拆除　排管内　截面面积（mm²）120 以下	100m/三相	10	
CYL2-1	电缆中间接头、终端拆除　交联电缆中间接头或终端拆除　截面面积（mm²）150 以下	套/三相	5	

17.3.5 典型方案工程量表

典型方案 C12-3 工程量见表 17-24。

表 17-24　　　　典型方案 C12-3 工程量表

编码	项目名称	单位	数量	备注
	建筑工程			
	陆上电缆线路建筑工程			
1	土石方			
1.1	土石方挖填（3×3 孔排管）			
JYL1-1	电缆沟、槽、坑人工挖方及回填　普通土　坑深（m）2.0 以内	m³	1781.25	
JYX1-22	人力运输　其他建筑安装材料	t·km	801.563	
JYX1-107	汽车运输　其他建筑安装材料　装卸	t	2671.875	
JYX1-108	汽车运输　其他建筑安装材料　运输	t·km	53437.5	
1.2	土石方挖填（3×1.9×1.8 直线井）			

续表

编码	项目名称	单位	数量	备注
JYL1－1	电缆沟、槽、坑人工挖方及回填　普通土　坑深（m）2.0以内	m³	231.84	
JYX1－22	人力运输　其他建筑安装材料	t·km	104.328	
JYX1－107	汽车运输　其他建筑安装材料　装卸	t	347.76	
JYX1－108	汽车运输　其他建筑安装材料　运输	t·km	6955.2	
1.3	土石方挖填（6×1.9×1.8转角井）			
JYL1－1	电缆沟、槽、坑人工挖方及回填　普通土　坑深（m）2.0以内	m³	154.56	
JYX1－22	人力运输　其他建筑安装材料	t·km	69.552	
JYX1－107	汽车运输　其他建筑安装材料　装卸	t	231.84	
JYX1－108	汽车运输　其他建筑安装材料　运输	t·km	4636.8	
1.4	开挖及修复路面			
JYL1－34	破路面　人行道彩色预制块路面　厚度120mm	m²	1250	
JYL1－49	恢复路面　预制块面层	m²	1250	
JYX1－6	人力运输　混凝土预制品　每件重（kg）100以内	t·km	1.884	
JYX1－22	人力运输　其他建筑安装材料	t·km	23.864	
JYX1－69	汽车运输　混凝土预制品　每件重　100kg以内　装卸	t	6.281	
JYX1－70	汽车运输　混凝土预制品　每件重　100kg以内　运输	t·km	125.625	
JYX1－107	汽车运输　其他建筑安装材料　装卸	t	79.547	
JYX1－108	汽车运输　其他建筑安装材料　运输	t·km	1590.938	
2	构筑物	元/km		
2.1	材料运输			
JYX1－19	人力运输　金具、绝缘子、零星钢材	t·km	20.572	
JYX1－22	人力运输　其他建筑安装材料	t·km	13.309	
JYX1－105	汽车运输　金具、绝缘子、零星钢材　装卸	t	68.574	
JYX1－106	汽车运输　金具、绝缘子、零星钢材　运输	t·km	1371.482	
JYX1－107	汽车运输　其他建筑安装材料　装卸	t	44.365	
JYX1－108	汽车运输　其他建筑安装材料　运输	t·km	887.29	
2.4	工作井			
	3×1.9×1.8直线井			
JYL1－61	沟体、工井　工井浇制　直线	m³	43.68	
JYL1－57	垫层　碎石　灌浆	m³	11.04	
JYL1－76	一般钢筋制作、安装	t	5.749	
JYL1－95	型钢框预制盖板制作	m³	18.963	

续表

编码	项目名称	单位	数量	备注
JYL1-103	揭、盖电缆沟盖板 每块重量（kg）120以上	块	90	
	6×1.9×1.8 转角井			
JYL1-61	沟体、工井 工井浇制 直线	m³	21	
JYL1-57	垫层 碎石 灌浆	m³	7.36	
JYL1-76	一般钢筋制作、安装	t	3.664	
JYL1-95	型钢框预制盖板制作	m³	10.535	
JYL1-103	揭、盖电缆沟盖板 每块重量（kg）120以上	块	50	
2.5	电缆埋管			
JYL1-58	垫层 素混凝土	m³	125	
JYL1-73	排管浇制 三层	m³	870.434	
JYL1-75	排管浇制 电缆管敷设	m	11000	
JYL1-76	一般钢筋制作、安装	t	45.533	
	安装工程			
	陆上电缆线路安装工程			
1	电缆桥、支架制作安装	元/km		
JGD7-4	电缆支架、桥架安装 电缆支架 钢质	t	5	
JGT8-12	钢结构其他项目 钢结构 镀锌	t	5	
JYX1-19	人力运输 金具、绝缘子、零星钢材	t·km	1.508	
JYX1-105	汽车运输 金具、绝缘子、零星钢材 装卸	t	5.025	
JYX1-106	汽车运输 金具、绝缘子、零星钢材 运输	t·km	100.5	
2	电缆敷设	元/km		
2.1	10kV 电缆敷设			
JGL2-14	10kV 电缆敷设 沟槽直埋（mm²）240以内	100m/三相	10	
JYX1-16	人力运输 线材 每件重（kg）2000以上	t·km	0.932	
JYX1-91	汽车运输 线材 每件重 8000kg以内 装卸	t	3.108	
JYX1-92	汽车运输 线材 每件重 8000kg以内 运输	t·km	62.155	
3	电缆附件	元/km		
3.1	10kV 电缆接头制作			
JGL3-4	10kV 电缆中间接头制作安装 中间接头截面（mm²）400以内	套/三相	3	
JGL3-23	10kV 电缆终端制作安装 户外截面（mm²）400以内	套/三相	2	
JYX1-19	人力运输 金具、绝缘子、零星钢材	t·km	0.027	

续表

编码	项目名称	单位	数量	备注
JYX1-105	汽车运输　金具、绝缘子、零星钢材　装卸	t	0.091	
JYX1-106	汽车运输　金具、绝缘子、零星钢材　运输	t·km	1.821	
4	避雷及接地工程			
4.1	接地装置安装（排管）			
JYL4-17	接地装置安装　接地敷设　扁钢	m	1000	
JGT8-12	钢结构其他项目　钢结构　镀锌	t	16.956	
JYX1-19	人力运输　金具、绝缘子、零星钢材	t·km	5.417	
JYX1-105	汽车运输　金具、绝缘子、零星钢材　装卸	t	18.058	
JYX1-106	汽车运输　金具、绝缘子、零星钢材　运输	t·km	361.163	
4.2	接地装置安装（工作井）			
JYL4-15	接地装置安装　接地极制作安装　角钢	根	60	
JYL4-15	接地装置安装　接地极制作安装　角钢	根	40	
JGT8-12	钢结构其他项目　钢结构　镀锌	t	0.943	
JYX1-19	人力运输　金具、绝缘子、零星钢材	t·km	0.284	
JYX1-105	汽车运输　金具、绝缘子、零星钢材　装卸	t	0.947	
JYX1-106	汽车运输　金具、绝缘子、零星钢材　运输	t·km	18.944	
6	电缆防火	元/km		
JGD7-11	电缆防火安装　防火涂料	t	0.059	
JGD7-10	电缆防火安装　防火堵料	t	0.05	
JYX1-22	人力运输　其他建筑安装材料	t·km	0.034	
JYX1-107	汽车运输　其他建筑安装材料　装卸	t	0.112	
JYX1-108	汽车运输　其他建筑安装材料　运输	t·km	2.242	
7	电缆调试与试验			
JYL5-1	电缆护层试验　摇测	互联段/三相	1	
JYL5-7	电缆主绝缘试验　交流耐压试验 10kV 长度1km以内	回路	1	
	拆除工程			
	安装拆除			

续表

编码	项目名称	单位	数量	备注
	陆上电缆线路安装工程			
2	电缆敷设	元/km		
2.1	10kV 电缆敷设			
CYL1－48	10kV 电缆拆除 排管内 截面面积（mm^2）240 以下	100m/三相	10	
CYL2－2	电缆中间接头、终端拆除 交联电缆中间接头或终端拆除 截面面积（mm^2）400 以下	套/三相	5	

第三篇 使 用 说 明

第18章 典型造价使用说明

18.1 典型方案应用范围

本册典型造价主要应用于电网生产技术改造项目估（概）算编制与审核工作，指导编制单位编制电网生产技术改造项目估（概）算，审核单位对比审核实际工程费用，分析费用差异原因。

18.2 典型方案应用方法

第一步：分析实际工程的主要技术条件和工程参数。

第二步：根据实际工程的主要技术条件和工程参数，从典型方案库中选择对应方案；若典型方案库中无实际工程的技术条件，则采用类似技术条件的典型方案。

第三步：按照实际工程的工程参数，选择单个方案或多个方案进行拼接。

（1）更换单一构件。

1）选择方案：选取单个方案，并根据实际工程的情况，乘以构件数量，实现工程量累加，得到拟编制工程的工程量。

2）取费及价格水平调整：按照当地取费要求、材机调价水平要求对方案进行调整。

3）工程量调整：根据实际工程与典型方案的差异，对工程量和物料进行调整，得出本体费用。

4）其他费用调整：根据实际工程所在区域调整典型方案中可调整的其他费用项，《预规》中规定的其他费用项计算标准不变，依此标准重新计算实际工程的其他费用。

（2）更换组合构件。

1）选择方案：选取多个方案，并根据实际工程的情况，每个方案乘以对应的构件数量，然后将各方案的工程量进行累加，拼接后得到拟编制工程的工程量。

2）取费及价格水平调整：按照当地取费要求、材机调价水平要求对方案进行调整。

3）工程量调整：根据实际工程与典型方案的差异，对工程量和物料进行调整，得出本体费用。

4）其他费用调整：根据实际工程所在区域调整典型方案中可调整的其他费用项，《预规》中规定的其他费用项计算标准不变，依此标准重新计算实际工程的其他费用。

第四步：得到实际工程造价，并得出实际工程与典型方案的差异。

第二部分 配电（检修）专业

第四篇 总 论

第 19 章 概 述

为服务国家电网公司"一体四翼"发展战略,支撑现代设备管理体系建设,进一步提升电网生产技术改造与设备大修项目(简称项目)管理水平,提高项目可研、设计、采购、结算质效,国家电网公司委托国网经济技术研究院有限公司(简称国网经研院)、国网河北省电力有限公司(简称国网河北电力)牵头收集整理 2019 年 6 月～2023 年 8 月期间各类典型项目,明确技术条件和工程取费标准,在《电网生产技术改造工程典型造价(2017 年版)》的基础上,修编形成《电网生产技术改造与设备大修项目典型造价汇编(2023 年版)》(简称《2023 年版典型造价》)。

《2023 年版典型造价》基于标准化设计,遵循"方案典型、造价合理、编制科学"的原则,形成典型方案库。一是方案典型。通过对大量实际工程的统计、分析,结合公司各区域工程建设实际特点,合理归并、科学优化典型方案。二是造价合理。统一典型造价的编制原则、编制深度和编制依据,按照国家电网公司项目建设标准,综合考虑各地区工程建设实际情况,体现近年项目造价的综合平均水平。三是编制科学。典型造价编制工作结合项目管理实际,提出既能满足当前工程要求又有一定代表性的典型方案,根据现行的估算编制依据,优化假设条件,使典型造价更合理、更科学。

《电网生产技术改造与设备大修项目典型造价汇编(2023 年版) 配电技改检修分册》为第五册,包含配电(技改)、配电(检修)两部分,其中配电(检修)专业适用于检修电缆、杆塔检修等电网检修项目。

本分册共分为三篇,第一篇为总论,包括概述、编制过程、总说明;第二篇为典型方案造价,包含方案概况、主要技术条件、估算费用、电气设备材料和工程量等内容;第三篇为使用说明。

本分册典型造价应用时需与实际工作结合,充分考虑电网工程技术进步、国家政策等影响造价的各类因素。一是处理好与工程实际的关系。典型造价与工程实际的侧重点不同,但编制原则、技术条件一致,因此,在应用中可根据两者的特点,相互补充参考。二是因地制宜,加强对各类费用的控制。《2023 年版典型造价》按照《电网检修工程预算编制与计算规定(2020 年版)》(简称《预规》)计算了每个典型方案的具体造价,对于计价依据明确的费用,在实际工程设计评审等管理环节中必须严格把关;对于建设场地征用及清理费用等地区差异较大、计价依据未明确的费用,应进行合理的比较、分析与控制。

第 20 章 典型造价编制过程

典型造价编制工作于 2021 年 7 月启动，2023 年 4 月形成最终成果，期间召开 5 次研讨会，明确各阶段工作任务，对典型方案、估算编制原则和典型造价进行评审，提高典型造价科学性、正确性和合理性。具体编制过程如下：

2021 年 7～9 月，召开启动会，明确编制任务，研讨《电网生产技术改造工程典型造价（2017 年版）》方案设置情况，结合项目实际情况，经多次会议讨论，梳理形成《2023 年版典型造价》方案清单。

2021 年 10～11 月，细化方案清单，明确典型方案的主要技术条件及主要工程量，明确对应的定额子目。在北京召开集中研讨会，审定典型方案的技术条件及设计规模，初步确定定额子目及配套使用规则。

2021 年 12 月～2022 年 4 月，国网经研院、国网河北电力统一编制标准、明确编制依据，各参研单位根据典型方案技术规模、《预规》等计价规范，编制形成典型造价案例库。

2022 年 5～11 月，在编制组内开展互查互审工作，对典型造价案例库的技术规模和定额计费情况征集修改意见，组织多轮修改工作和集中审查工作，统一《2023 年版典型造价》形式。

2022 年 12 月～2023 年 1 月，线上召开电网生产技改与设备大修项目典型造价汇报审查会议，根据审查意见，依据《国网设备部关于印发电网生产技术改造和设备大修项目估算编制指导意见的通知》（设备计划〔2022〕96 号文）调整典型造价估算书，并根据当前市场价格更新主要材料与设备价格。

2023 年 2～6 月，邀请国网湖北省电力有限公司、国网福建省电力有限公司电力对编制成果进行审查，同期组织第二次编制组内互查互审工作，对审查意见进行集中梳理研讨并对应完成修改工作。

2023 年 6～8 月，国网经研院与国网河北电力完成终稿校审工作。

第21章 典型造价总说明

典型造价编制严格执行国家有关法律法规、电网工程技术改造预算编制与计算规定和配套定额、电网检修工程预算编制与计算规定和配套定额，设备材料以 2022 年为价格水平基准年，结合实际工程情况，形成典型造价方案、确定典型造价编制依据。估算书的编制深度和内容符合现行《电网技术改造工程预算编制与计算规定（2020 年版）》及《电网检修工程预算编制与计算规定（2020 年版）》的要求，表现形式遵循《预规》规定的表格形式、项目划分及费用性质划分原则。

21.1 典型方案形成过程

本册典型方案从实际工程选取，参考河北、江苏、山东、河南、重庆、辽宁、宁夏、新疆等地区电网设备大修项目类型确定，典型方案形成过程如下：

（1）典型方案选择原则：根据造价水平相当的原则，科学合理归并方案，确保方案的适用性、典型性。

（2）典型方案选取：以各地区常见工程为基础，充分考虑地区差异，整理分析典型工程，按专业类型及工程规模形成主体框架。

（3）典型方案确定：根据不同地区、各电压等级电网设备大修项目特点，以单项工程为计价单元，优化提炼出具有一定代表性的典型方案。

（4）典型方案主要技术条件：明确典型方案的主要技术条件，确定各方案边界条件及组合原则。

（5）典型方案主要内容：确定各方案具体工作内容。

21.2 典型造价编制依据

（1）项目划分及取费执行国家能源局发布的《电网技术改造工程预算编制与计算规定（2020 年版）》及《电网检修工程预算编制与计算规定（2020 年版）》。

（2）定额采用《电网技术改造工程概算定额（2020 年版）》《电网技术改造工程预算定额（2020 年版）》《电网检修工程预算定额（2020 年版）》《电网拆除工程预算定额（2020 年版）》。

（3）措施费取费标准按北京地区（Ⅱ类地区）计取，不计列特殊地区施工增加费。

（4）定额价格水平调整执行《电力工程造价与定额管理总站关于发布 2020 版电网技术改造及检修工程概预算定额 2022 年上半年价格水平调整系数的通知》（定额〔2022〕21 号）相关规定。人工费和材机费调整金额只计取税金，汇总计入总表"编制基准期价差"。

（5）建筑地方材料根据《北京工程造价信息》（月刊〔总第 266 期〕）计列。

（6）电气设备及主要材料价格统一按照《电网工程设备材料信息参考价（2022 年第三季度）》计列，信息价格中未含部分，按照 2022 年第三季度国家电网公司区域工程项目招标中标平均价计列。综合材料价格按《电力建设工程装置性材料综合信息价（2021年版）》计列。

（7）住房公积金和社会保险费按北京标准执行，分别按12%和28.3%（含基本养老保险、失业保险、基本医疗保险、生育保险、工伤保险）计取。

（8）甲供设备材料增值税税金按13%计列，乙供设备材料及施工增值税税金按9%计列，设计、监理、咨询等技术服务增值税税金按6%计列。

（9）取费表取费基数及费率见附录C；其他费用取费基数及费率见附录D；建筑材料价格见附录E。

21.3 典型造价编制相关说明

典型造价编制过程中通过广泛调研，明确了各专业设计方案的主要技术条件，确定了工程造价的编制原则及依据，具体如下：

（1）各典型造价技术方案中的环境条件按北京地区典型条件考虑，各参数假定条件为地形：平原；地貌：Ⅲ类土；海拔：2000m以下；气温：−20～45℃；污秽等级：Ⅳ。

（2）建筑材料按不含税价考虑，电气设备、主要材料按含税价考虑。

（3）设备、配件按供货至现场考虑，按设备、配件价格及相应计提比例计列卸车费，施工现场的配件保管费已在临时设施费和企业管理费等费用中综合考虑。

（4）设计费除计列基本设计费外，同时计列了施工图预算编制费和竣工图文件编制费，施工图预算编制若由施工队伍编制，则不应列入设计费中。

（5）多次进场增加费考虑综合情况，实际进出场次数按1次考虑。

（6）总费用中不计列基本预备费。

（7）"典型方案工程量表"与"典型方案电气设备材料表"中"序号"列显示内容包含项目划分的序号、定额编码、物料编码。其中项目划分的序号、定额编码与《预规》及定额保持一致。

（8）根据《预规》与定额要求需对定额进行调整时，在定额序号前标"调"，同时分别注明人材机的调整系数，其中"R"表示人工费，"C"表示材料费，"J"表示机械费。根据实际情况，没有与实际工作内容完全一致的定额时，需套用相关定额或其他定额时，在定额序号前标"参"，根据实际情况，定额中的人材机与定额子目明细不同时，套用此定额需在定额序号前加"换"。

21.4 典型造价编码规则

典型方案编码含义：

① ② — ③
① 专业分类
② 工程类别
③ 序号

典型方案编码规则分别见表 21-1~表 21-3。

表 21-1　　　　　　　　　　专 业 分 类 编 码 规 则

专业分类	变电	输电	配电	通信	继电保护	自动化
技改代码	A	B	C	D	E	F
检修代码	XA	XB	XC	XD	/	/

表 21-2　　　　　　　　　　工 程 类 别 编 码 规 则

工程类别	检修电缆	杆塔检修
代码	1	2

表 21-3　　　　　　　　　　序 号 编 码 规 则

流水号	1	2	3	…	N	$N+1$
代码	1	2	3	…	N	$N+1$

21.5　典型造价一览表

典型造价一览表为本册方案总览，包含方案编码、方案名称、方案规模、方案投资、配件购置费，详见表 21-4。

表 21-4　　　　　　配电检修专业典型造价一览表　　　　　　金额：万元

方案编码	方案名称	方案规模	方案投资	其中：配件购置费
XC	配电检修			
XC1	检修电缆		万元	万元
XC1-1	更换 10kV 240mm² 电缆	100m	13.03	6.76
XC1-2	更换 0.4kV 240mm² 电缆	100m	12.05	7.82
XC1-3	更换电缆 10kV 400mm² 户内终端头	1 套	0.67	0.04
XC1-4	更换电缆 10kV 400mm² 中间接头	1 套	0.97	0.11
XC1-5	修复或重做 0.1km 电缆防火	100m	0.44	0.09
XC2	杆塔检修		万元	万元
XC2-1	直线杆附件更换	1 基	0.24	0.04
XC2-2	耐张杆附件更换	1 基	0.70	0.22
XC2-3	拉线检修	1 组	0.23	0.07

第五篇 典型方案造价

第22章 检修电缆

典型方案说明

电缆检修典型方案共5个,按照电压等级分10、0.4kV两种,截面积为240mm²。所有典型方案工作范围包括更换电缆,制作中间接头、开挖电缆管沟及相关附件。

22.1 XC1-1 更换10kV 240mm²电缆

22.1.1 典型方案主要内容

本典型方案更换100m,10kV 240mm²电缆,内容包括旧电缆拆除、电缆管沟开挖及修复、电缆敷设、中间接头及终端头制作安装,电缆试验;电缆敷设方式为单回穿管敷设。

22.1.2 典型方案主要技术条件

典型方案XC1-1主要技术条件见表22-1。

表22-1　　　　　　　　典型方案XC1-1主要技术条件

方案名称	工程主要技术条件	
更换10kV 240mm²电缆	额定电压（kV）	10
	规格型号	AC10kV,YJV,240,3,22,ZC,无阻水
	敷设方式	混凝土电缆保护管中敷设电缆
	地形	100%平地
	运距	人力0.200km,汽车20km

22.1.3 典型方案估算书

估算投资为总投资,编制依据按第21章要求。典型方案XC1-1估算书包括电网检修工程总估算表、设备检修单位工程表、建筑修缮单位工程表、其他费用估算表,分别见表22-2～表22-5。

表22-2　　　　　　　　　　典型方案 XC1-1 电网检修工程总估算表　　　　　　　　金额单位：万元

序号	工程或费用名称	含税金额	占合计总费用的比例（%）	不含税金额	可抵扣增值税金额
一	建筑修缮费	3.478	26.680	3.178	0.300
二	设备检修费	1.541	11.830	1.404	0.138
三	配件购置费	6.755	51.830	5.979	0.776
	其中：编制基准期价差	0.077	0.590	0.077	
四	小计	11.775	90.340	10.561	1.214
五	其他费用	1.259	9.660	1.188	0.071
六	基本预备费				
七	工程总费用合计	13.034	100	11.749	1.285
	其中：可抵扣增值税金额	1.285			1.285
	其中：施工费	4.278	32.820	3.925	0.353

表22-3　　　　　　　　　　典型方案 XC1-1 设备检修单位工程表　　　　　　　　　金额单位：元

序号	工程或费用名称	设备检修费		配件购置费	合计
		检修费	未计价材料费		
	设备检修工程	12099	3324	67553	82976
	电缆线路设备检修工程	12099	3324	67553	82976
一	陆上电缆线路设备检修工程	12099	3324	67553	82976
2	电缆敷设	5319		65447	70766
2.1	10kV 电缆敷设	5319		65447	70766
3	电缆附件	2807	3324	2106	8237
3.1	10kV 电缆接头制作	2807	3324	2106	8237
7	电缆调试与试验	3973			3973
	合计	12099	3324	67553	82976

表22-4　　　　　　　　　　典型方案 XC1-1 建筑修缮单位工程表　　　　　　　　　金额单位：元

序号	工程或费用名称	建筑配件购置费	未计价材料费	修缮费	建筑修缮费合计
	建筑修缮工程		12697	22079	34776
	电缆线路建筑修缮工程		12697	22079	34776
	陆上电缆线路建筑修缮工程		12697	22079	34776
2	构筑物		12697	22079	34776
2.1	材料运输			3794	3794

续表

序号	工程或费用名称	建筑配件购置费	未计价材料费	修缮费	建筑修缮费合计
2.4	工作井		12697	18285	30983
	合计		12697	22079	34776

表 22-5　　　　　　　　　　典型方案 XC1-1 其他费用估算表　　　　　　　　金额单位：元

序号	工程或费用项目名称	编制依据及计算说明	合价
2	项目管理费		2344
2.1	管理经费	（建筑修缮费+设备检修费）×0.750%	376
2.2	招标费	（建筑修缮费+设备检修费）×0.840%	422
2.3	工程监理费	（建筑修缮费+设备检修费）×3.080%	1546
3	项目技术服务费		10247
3.1	前期工作费		562
3.1.2	电缆工程前期工作费	（电缆建筑修缮费+电缆设备检修费）×1.120%	562
3.2	工程勘察设计费		8890
3.2.1	设计费	设计费×100%	8890
3.3	设计文件评审费		649
3.3.1	初步设计文件评审费	基本设计费×3.500%	311
3.3.2	施工图文件评审费	基本设计费×3.800%	338
3.4	结算文件审核费	变电：（建筑修缮费+设备检修费）×0.440%； 线路：（建筑修缮费+设备检修费）×0.290%	146
	合计		12591

22.1.4　典型方案电气设备材料表

典型方案 XC1-1 电气设备材料表见表 22-6。

表 22-6　　　　　　　　　典型方案 XC1-1 电气设备材料表

序号	材料名称	规格及型号	单位	设计数量
	设备检修			
ZC0301015	电力电缆	AC10kV，YJV，240，3，22，ZA，无阻水	m	100
ZC0305006	20kV 及以下电缆中间接头	3×240，直通接头，冷缩，铜	套	2
	电缆接头保护盒	电缆接头保护盒，钢	只	2
	小计			
	建筑修缮			

续表

序号	材料名称	规格及型号	单位	设计数量
C09010102	普通硅酸盐水泥	42.5	t	2.476
C10010101	中砂		m³	3.051
C21010101	水		t	1.220
C10020103	碎石 50		m³	0.870
C10020103	碎石	粒径40mm以内	m³	5.732
	防水砂浆		m²	0.374
ZC0901005	圆钢 φ10以上	φ10以上	kg	326.429
ZC0901012	预埋铁件	综合	kg	49.952
ZC0901001	等边角钢	∠50mm以下	kg	767.815
ZC0803001	角钢接地极	∠50×5×2500	t	0.038
ZC0802001	镀锌扁钢	-40×4	t	0.019
	电缆标示牌		块	3
	灭火弹		个	2
	防火堵料		公斤	2
	防火涂料		千克	2

22.1.5 典型方案工程量表

典型方案 XC1-1 工程量见表 22-7。

表 22-7　　　　　　　　典型方案 XC1-1 工程量表

序号	项目名称	单位	数量	备注
	建筑修缮工程			
	电缆线路建筑修缮工程			
	陆上电缆线路建筑修缮工程			
	构筑物			
	材料运输			
JYX1-19	人力运输　金具、绝缘子、零星钢材	t·km	0.369	
JYX1-22	人力运输　其他建筑安装材料	t·km	6.346	
JYX1-105	汽车运输　金具、绝缘子、零星钢材　装卸	t	1.229	
JYX1-106	汽车运输　金具、绝缘子、零星钢材　运输	t·km	24.572	
JYX1-107	汽车运输　其他建筑安装材料　装卸	t	21.152	
JYX1-108	汽车运输　其他建筑安装材料　运输	t·km	423.04	
	工作井			

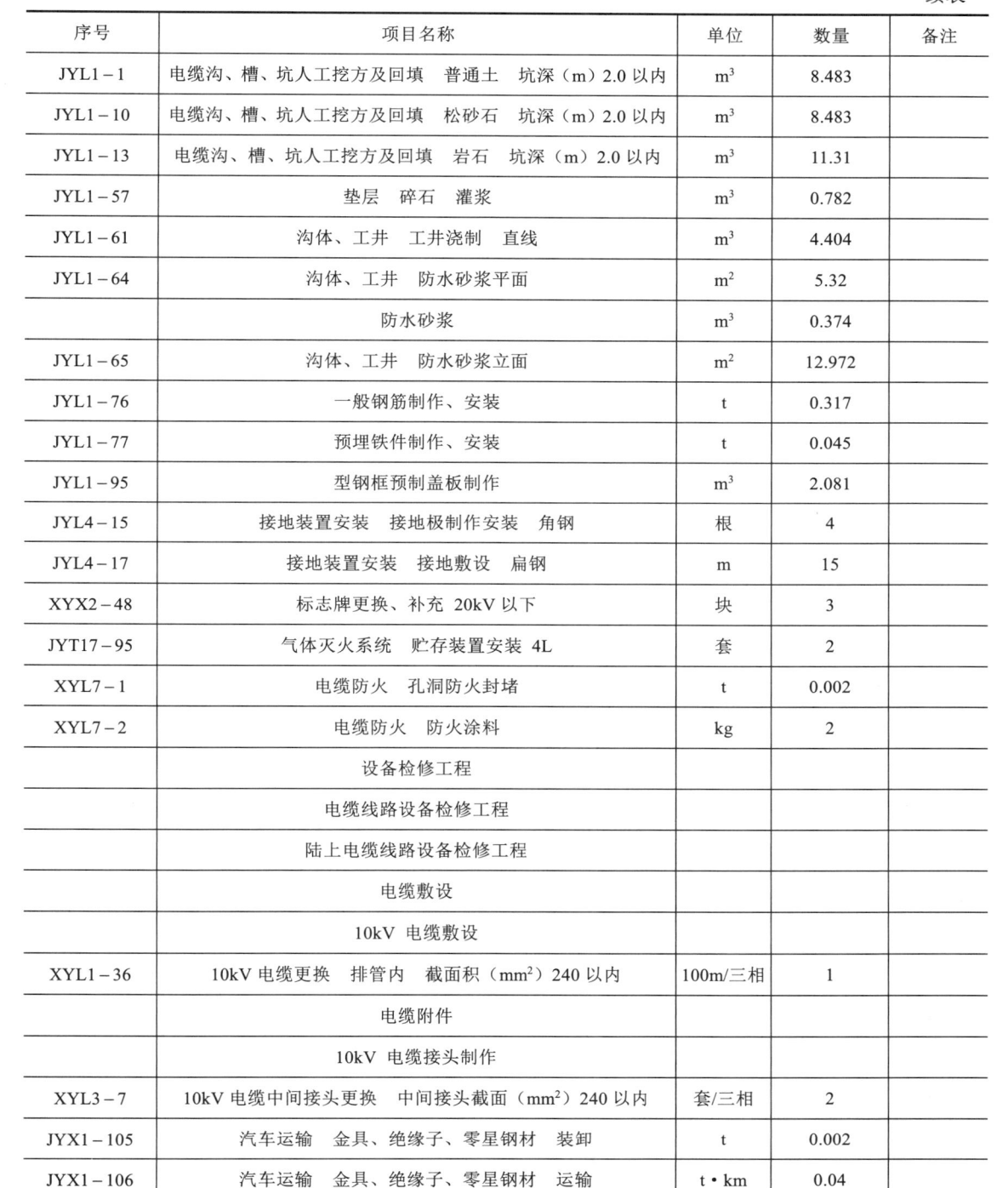

续表

序号	项目名称	单位	数量	备注
JYL1-1	电缆沟、槽、坑人工挖方及回填 普通土 坑深（m）2.0以内	m³	8.483	
JYL1-10	电缆沟、槽、坑人工挖方及回填 松砂石 坑深（m）2.0以内	m³	8.483	
JYL1-13	电缆沟、槽、坑人工挖方及回填 岩石 坑深（m）2.0以内	m³	11.31	
JYL1-57	垫层 碎石 灌浆	m³	0.782	
JYL1-61	沟体、工井 工井浇制 直线	m³	4.404	
JYL1-64	沟体、工井 防水砂浆平面	m²	5.32	
	防水砂浆	m³	0.374	
JYL1-65	沟体、工井 防水砂浆立面	m²	12.972	
JYL1-76	一般钢筋制作、安装	t	0.317	
JYL1-77	预埋铁件制作、安装	t	0.045	
JYL1-95	型钢框预制盖板制作	m³	2.081	
JYL4-15	接地装置安装 接地极制作安装 角钢	根	4	
JYL4-17	接地装置安装 接地敷设 扁钢	m	15	
XYX2-48	标志牌更换、补充 20kV以下	块	3	
JYT17-95	气体灭火系统 贮存装置安装 4L	套	2	
XYL7-1	电缆防火 孔洞防火封堵	t	0.002	
XYL7-2	电缆防火 防火涂料	kg	2	
	设备检修工程			
	电缆线路设备检修工程			
	陆上电缆线路设备检修工程			
	电缆敷设			
	10kV电缆敷设			
XYL1-36	10kV电缆更换 排管内 截面积（mm²）240以内	100m/三相	1	
	电缆附件			
	10kV电缆接头制作			
XYL3-7	10kV电缆中间接头更换 中间接头截面（mm²）240以内	套/三相	2	
JYX1-105	汽车运输 金具、绝缘子、零星钢材 装卸	t	0.002	
JYX1-106	汽车运输 金具、绝缘子、零星钢材 运输	t·km	0.04	
	电缆调试与试验			
JYL5-7	电缆主绝缘试验 交流耐压试验 10kV 长度1km以内	回路	1	

22.2　XC1-2 更换 0.4kV 240mm² 电缆

22.2.1　典型方案主要内容

本典型方案更换 100m，1kV 及以下，240mm² 电缆，内容包括旧电缆拆除、电缆管沟开挖及修复、电缆敷设、中间接头及终端头制作安装、电缆试验；电缆敷设方式为单回穿管敷设。

22.2.2　典型方案主要技术条件

典型方案 XC1-2 主要技术条件见表 22-8。

表 22-8　　　　　　　　典型方案 XC1-2 主要技术条件

方案名称	工程主要技术条件	
更换 0.4kV 240mm² 电缆	额定电压（kV）	1
	规格型号	YJY，铜，240，4 芯，ZC，22，普通
	敷设方式	混凝土电缆保护管中敷设电缆
	地形	100%平地
	运距	人力 0.200km，汽车 20km

22.2.3　典型方案估算书

估算投资为总投资，编制依据按第 21 章要求。典型方案 XC1-2 估算书包括电网检修工程总估算表、设备检修单位工程表、建筑修缮单位工程表、其他费用估算表，分别见表 22-9～表 22-12。

表 22-9　　　　典型方案 XC1-2 电网检修工程总估算表　　　　金额单位：万元

序号	工程或费用名称	含税金额	占合计总费用的比例（%）	不含税金额	可抵扣增值税金额
一	建筑修缮费	2.582	21.420	2.368	0.214
二	设备检修费	0.572	4.750	0.524	0.048
三	配件购置费	7.823	64.910	6.925	0.898
	其中：编制基准期价差	0.044	0.370	0.044	
四	小计	10.977	91.070	9.780	1.161
五	其他费用	1.076	8.930	1.015	0.061
六	基本预备费				
七	工程总费用合计	12.053	100	10.832	1.221
	其中：可抵扣增值税金额	1.221			1.221
	其中：施工费	3.102	25.740	2.846	0.256

表22-10　　　　　　　　　典型方案XC1-2设备检修单位工程表　　　　　　　　金额单位：元

序号	工程或费用名称	设备检修费		配件购置费	合计
		检修费	未计价材料费		
	设备检修工程	5594	129	78234	83957
	电缆线路设备检修工程	5594	129	78234	83957
	陆上电缆线路设备检修工程	5594	129	78234	83957
2	电缆敷设	5326		78234	83560
2.2	1kV 电缆敷设	5326		78234	83560
3	电缆附件	93	129		222
3.2	1kV 电缆终端制作	93	129		222
7	电缆调试与试验	174			174
	合计	5594	129	78234	83957

表22-11　　　　　　　　　典型方案XC1-2建筑修缮单位工程表　　　　　　　　金额单位：元

序号	工程或费用名称	建筑配件购置费	未计价材料费	修缮费	建筑修缮费合计
	建筑修缮工程		8208	17615	25823
	电缆线路建筑修缮工程		8208	17615	25823
	陆上电缆线路建筑修缮工程		8208	17615	25823
2	构筑物		8208	17615	25823
2.4	工作井		8208	17615	25823
	合计		8208	17615	25823

表22-12　　　　　　　　　典型方案XC1-2其他费用估算表　　　　　　　　金额单位：元

序号	工程或费用项目名称	编制依据及计算说明	合价
2	项目管理费		1420
2.1	管理经费	（建筑修缮费+设备检修费）×0.750%	237
2.2	招标费	（建筑修缮费+设备检修费）×0.840%	211
2.3	工程监理费	（建筑修缮费+设备检修费）×3.080%	972
3	项目技术服务费		9338
3.1	前期工作费		353
3.1.2	电缆工程前期工作费	（电缆建筑修缮费+电缆设备检修费）×1.120%	353
3.2	工程勘察设计费		8288
3.2.2	设计费	设计费×100%	8288
3.3	设计文件评审费		605

续表

序号	工程或费用项目名称	编制依据及计算说明	合价
3.3.1	初步设计文件评审费	基本设计费×3.500%	290
3.3.2	施工图文件评审费	基本设计费×3.800%	315
3.4	结算文件审核费	变电：（建筑修缮费+设备检修费）×0.440%； 线路：（建筑修缮费+设备检修费）×0.290%	91
	合计		10758

22.2.4 典型方案电气设备材料表

典型方案 XC1-2 电气设备材料表见表 22-13。

表 22-13　　典型方案 XC1-2 电气设备材料表

序号	材料名称	规格及型号	单位	设计数量
	设备检修			
ZC0301015	低压电力电缆	YJY，铜，240，4芯，ZC，22，普通	km	0.100
500023173	电缆标识牌		块	2
	防火堵料		千克	2
	小计			
	建筑修缮			
C09010102	普通硅酸盐水泥	42.5	t	2.248
C10010101	中砂		m^3	2.760
C21010101	水		t	1.110
C10020103	碎石 50		m^3	0.792
C10020103	碎石	粒径 40mm 以内	m^3	5.210
	防水砂浆		m^2	0.337
ZC0901005	圆钢	$\phi 10$ 以上	kg	297.040
ZC0901012	预埋铁件	综合	kg	45.450
ZC0901001	等边角钢	∠50mm 以下	kg	698.710
ZC0803001	角钢接地极	∠50×5×2500	t	0.038
ZC0802001	镀锌扁钢	-40×4	t	0.019

22.2.5 典型方案工程量表

典型方案 XC1-2 工程量见表 22-14。

表 22-14　　　　　　　　　　典型方案 XC1-2 工程量表

序号	项目名称	单位	数量	备注
	建筑修缮工程			
	电缆线路建筑修缮工程			
	陆上电缆线路建筑修缮工程			
	构筑物			
	工作井			
JYL1-1	电缆沟、槽、坑人工挖方及回填　普通土　坑深（m）2.0 以内	m³	7.5	
JYL1-10	电缆沟、槽、坑人工挖方及回填　松砂石　坑深（m）2.0 以内	m³	7.5	
JYL1-13	电缆沟、槽、坑人工挖方及回填　岩石　坑深（m）2.0 以内	m³	10	
JYL1-57	垫层　碎石　灌浆	m³	0.71	
JYL1-61	沟体、工井　工井浇制　直线	m³	4.007	
JYL1-64	沟体、工井　防水砂浆平面	m²	4.84	
JYL1-65	沟体、工井　防水砂浆立面	m²	11.802	
JYL1-76	一般钢筋制作、安装	t	0.288	
JYL1-77	预埋铁件制作、安装	t	0.041	
JYL1-95	型钢框预制盖板制作	m³	1.089	
JYL4-15	接地装置安装　接地极制作安装　角钢	根	4	
JYL4-17	接地装置安装　接地敷设　扁钢	m	15	
JYX1-19	人力运输　金具、绝缘子、零星钢材	t·km	0.369	
JYX1-22	人力运输　其他建筑安装材料	t·km	6.346	
JYX1-105	汽车运输　金具、绝缘子、零星钢材　装卸	t	1.229	
JYX1-106	汽车运输　金具、绝缘子、零星钢材　运输	t·km	24.572	
JYX1-107	汽车运输　其他建筑安装材料　装卸	t	21.152	
JYX1-108	汽车运输　其他建筑安装材料　运输	t·km	423.04	
	设备检修工程			
	电缆线路设备检修工程			
	陆上电缆线路设备检修工程			
	电缆敷设			
	1kV 电缆敷设			
XYL1-14	1kV 电缆更换　排管内　截面面积（mm²）240 以内	100m	1	
	电缆附件			
	1kV 电缆终端制作			
XYX2-48	标志牌更换、补充　20kV 以下	块	2	

续表

序号	项目名称	单位	数量	备注
XYL7-1	电缆防火 孔洞防火封堵	t	0.002	
JYX1-105	汽车运输 金具、绝缘子、零星钢材 装卸	t	0.002	
JYX1-106	汽车运输 金具、绝缘子、零星钢材 运输	t·km	0.043	
JYX1-107	汽车运输 其他建筑安装材料 装卸	t	0.002	
JYX1-108	汽车运输 其他建筑安装材料 运输	t·km	0.042	
	电缆调试与试验			
JYL5-1	电缆护层试验 摇测	互联段/三相	1	

22.3 XC1-3 更换电缆 10kV 400mm² 户内终端头

22.3.1 典型方案主要内容

本典型方案更换电缆 10kV 户内终端头，400mm² 电缆头，内容包括旧电缆头拆除、及终端头制作安装，电缆试验，防火封堵完善。

22.3.2 典型方案主要技术条件

典型方案 XC1-3 主要技术条件见表 22-15。

表 22-15　　　　　典型方案 XC1-3 主要技术条件

方案名称	工程主要技术条件	
更换电缆 10kV 400mm² 户内终端头	额定电压（kV）	10
	规格型号	10kV 电缆终端，3×400，设备终端，预制，铜
	工作范围	电缆终端更换
	地形	100%平地
	运距	人力 0.200km，汽车 20km

22.3.3 典型方案估算书

估算投资为总投资，编制依据按第 21 章要求。典型方案 XC1-3 估算书包括电网检修工程总估算表、设备检修单位工程表、其他费用估算表，分别见表 22-16～表 22-18。

表 22-16　　　　典型方案 XC1-3 电网检修工程总估算表　　　　金额单位：万元

序号	工程或费用名称	含税金额	占合计总费用的比例（%）	不含税金额	可抵扣增值税金额
一	建筑修缮费				

续表

序号	工程或费用名称	含税金额	占合计总费用的比例（%）	不含税金额	可抵扣增值税金额
二	设备检修费	0.543	81.10	0.497	0.046
三	配件购置费	0.042	6.280	0.037	0.005
	其中：编制基准期价差	0.020	2.990	0.020	
四	小计	0.585	87.440	0.534	0.051
五	其他费用	0.084	12.560	0.079	0.005
六	基本预备费				
七	工程总费用合计	0.669	100	0.613	0.056
	其中：可抵扣增值税金额	0.056			0.056
	其中：施工费	0.513	76.680	0.471	0.042

表 22-17　　　　典型方案 XC1-3 设备检修单位工程表　　　　金额单位：元

序号	工程或费用名称	设备检修费		配件购置费	合计
		检修费	未计价材料费		
	设备检修工程	5134	292	417	5843
	电缆线路设备检修工程	5134	292	417	5843
	陆上电缆线路设备检修工程	5134	292	417	5843
3	电缆附件	1161	292	417	1869
3.1	10kV 电缆接头制作	1161	292	417	1869
7	电缆调试与试验	3973			3973
	合计	5134	292	417	5843

表 22-18　　　　典型方案 XC1-3 其他费用估算表　　　　金额单位：元

序号	工程或费用项目名称	编制依据及计算说明	合价
2	项目管理费		253
2.1	管理经费	（建筑修缮费+设备检修费）×0.750%	41
2.2	招标费	（建筑修缮费+设备检修费）×0.840%	46
2.3	工程监理费	（建筑修缮费+设备检修费）×3.080%	167
3	项目技术服务费		591
3.1	前期工作费		61
3.1.2	电缆工程前期工作费	（电缆建筑修缮费+电缆设备检修费）×1.120%	61
3.2	工程勘察设计费		441
3.2.2	设计费	设计费×100%	441

续表

序号	工程或费用项目名称	编制依据及计算说明	合价
3.3	设计文件评审费		73
3.3.1	初步设计文件评审费	基本设计费×3.500%	35
3.3.2	施工图文件评审费	基本设计费×3.800%	38
3.4	结算文件审核费	变电：（建筑修缮费+设备检修费）×0.440%； 线路：（建筑修缮费+设备检修费）×0.290%	16
	合计		844

22.3.4 典型方案电气设备材料表

典型方案 XC1-3 电气设备材料表见表 22-19。

表 22-19　　　　　　　　典型方案 XC1-3 电气设备材料表

序号	材料名称	规格及型号	单位	设计数量
	设备检修			
500021117	10kV 电缆终端	3×400，户内终端，冷缩，铜	套	1
	有机防火堵料		t	0.02
	小计			

22.3.5 典型方案工程量表

典型方案 XC1-3 工程量见表 22-20。

表 22-20　　　　　　　　典型方案 XC1-3 工程量表

序号	项目名称	单位	数量	备注
	设备检修工程			
	电缆线路设备检修工程			
	陆上电缆线路设备检修工程			
	电缆附件			
	10kV 电缆接头制作			
XYL2-9	10kV 电缆终端更换　户内热（冷）缩式　截面（mm²）400以内	套/三相	1	
XYL4-3	电缆标示牌及 GPS 定位标志增补　电缆路径电子标签增补	只	1	
XYL7-1	电缆防火　孔洞防火封堵	t	0.02	
JYX1-19	人力运输　金具、绝缘子、零星钢材	t·km	0.002	
JYX1-22	人力运输　其他建筑安装材料	t·km	0.004	
JYX1-107	汽车运输　其他建筑安装材料　装卸	t	0.021	

续表

序号	项目名称	单位	数量	备注
JYX1-108	汽车运输 其他建筑安装材料 运输	t·km	0.42	
	电缆调试与试验			
JYL5-7	电缆主绝缘试验 交流耐压试验 10kV 长度1km以内	回路	1	

22.4 XC1-4 更换电缆 10kV 400mm² 中间接头

22.4.1 典型方案主要内容

本典型方案更换电缆 10kV 中间接头，400mm²，内容包括旧电缆定位、电缆中间头拆除、防爆盒按照及中间头制作安装，电缆井清理、电缆试验。

22.4.2 典型方案主要技术条件

典型方案 XC1-4 主要技术条件见表 22-21。

表 22-21　　　　　　　典型方案 XC1-4 主要技术条件

方案名称	工程主要技术条件	
更换电缆 10kV 400mm² 中间接头	额定电压（kV）	10
	规格型号	10kV 电缆中间接头，3×400，直通接头，冷缩，铜
	工作范围	电缆中间接头更换
	地形	100%平地
	运距	人力 0.200km，汽车 20km

22.4.3 典型方案估算书

估算投资为总投资，编制依据按第 21 章要求。典型方案 XC1-4 估算书包括电网检修工程总估算表、设备检修单位工程表、其他费用估算表，分别见表 22-22～表 22-24。

表 22-22　　　　典型方案 XC1-4 电网检修工程总估算表　　　　金额单位：万元

序号	工程或费用名称	含税金额	占合计总费用的比例（%）	不含税金额	可抵扣增值税金额
一	建筑修缮费				
二	设备检修费	0.748	77.11	0.681	0.067
三	配件购置费	0.105	10.82	0.093	0.012
	其中：编制基准期价差	0.022	2.270	0.022	
四	小计	0.852	87.940	0.774	0.079

续表

序号	工程或费用名称	含税金额	占合计总费用的比例（%）	不含税金额	可抵扣增值税金额
五	其他费用	0.117	12.060	0.110	0.007
六	基本预备费				
七	工程总费用合计	0.970	100	0.884	0.086
	其中：可抵扣增值税金额	0.086			0.086
	其中：施工费	0.581	59.900	0.533	0.048

表22-23　　　　典型方案XC1-4设备检修单位工程表　　　　金额单位：元

序号	工程或费用名称	设备检修费		配件购置费	合计
		检修费	未计价材料费		
	设备检修工程	5814	1662	1049	8525
	电缆线路设备检修工程	5814	1662	1049	8525
一	陆上电缆线路设备检修工程	5814	1662	1049	8525
3	电缆附件	1840	1662	1049	4551
3.1	10kV电缆接头制作	1840	1662	1049	4551
7	电缆调试与试验	3973			3973
	合计	5814	1662	1049	8525

表22-24　　　　典型方案XC1-4其他费用估算表　　　　金额单位：元

序号	工程或费用项目名称	编制依据及计算说明	合价
2	项目管理费		349
2.1	管理经费	（建筑修缮费+设备检修费）×0.750%	56
2.2	招标费	（建筑修缮费+设备检修费）×0.840%	63
2.3	工程监理费	（建筑修缮费+设备检修费）×3.080%	230
3	项目技术服务费		822
3.1	前期工作费		84
3.1.2	电缆工程前期工作费	（电缆建筑修缮费+电缆设备检修费）×1.120%	84
3.2	工程勘察设计费		643
3.2.2	设计费	设计费×100%	643
3.3	设计文件评审费		73
3.3.1	初步设计文件评审费	基本设计费×3.500%	35
3.3.2	施工图文件评审费	基本设计费×3.800%	38

续表

序号	工程或费用项目名称	编制依据及计算说明	合价
3.4	结算文件审核费	变电：（建筑修缮费＋设备检修费）×0.440%； 线路：（建筑修缮费＋设备检修费）×0.290%	22
	合计		1171

22.4.4 典型方案电气设备材料表

典型方案 XC1-4 电气设备材料表见表 22-25。

表 22-25　　　　　典型方案 XC1-4 电气设备材料表

序号	材料名称	规格及型号	单位	设计数量
	设备检修			
甲	10kV 电缆中间接头	3×400，直通接头，冷缩，铜	套	1
甲	电缆接头保护盒，玻璃钢		套	1
	小计			

22.4.5 典型方案工程量表

典型方案 XC1-4 工程量见表 22-26。

表 22-26　　　　　典型方案 XC1-4 工程量表

序号	项目名称	单位	数量	备注
	设备检修工程			
	电缆线路设备检修工程			
	陆上电缆线路设备检修工程			
	电缆附件			
	10kV 电缆接头制作			
XYL3-8	10kV 电缆中间接头更换　中间接头截面（mm²）400 以内	套/三相	1	
换 XYL3-35	电缆中间接头密封　中间接头密封处理　10kV	处	1	
JYX1-105	汽车运输　金具、绝缘子、零星钢材　装卸	t	0.01	
JYX1-106	汽车运输　金具、绝缘子、零星钢材　运输	t·km	0.2	
	电缆调试与试验			
JYL5-7	电缆主绝缘试验　交流耐压试验　10kV　长度 1km 以内	回路	1	

22.5　XC1-5 修复或重做 0.1km 电缆防火

22.5.1 典型方案主要内容

本典型方案为修复或重做 0.1km 电缆防火，内容包括材料运输，运行电缆整理，防火涂料粉刷，防火隔板、防火墙及防火封堵安装，电缆接头防火涂料或防火包带，外观检查。

22.5.2 典型方案主要技术条件

典型方案 XC1-5 主要技术条件见表 22-27。

表 22-27　　　　　典型方案 XC1-5 主要技术条件

方案名称	工程主要技术条件	
修复或重做 100m 电缆防火	额定电压（kV）	10
	规格型号	1m² 防火墙，防火涂料 0.03t，防火堵料 0.01t，防火隔板 10m²，防火包带 1m²
	工作范围	10kV 电力隧道
	地形	100%平地
	运距	人力 0.200km，汽车 20km

22.5.3 典型方案估算书

估算投资为总投资，编制依据按第 21 章要求。典型方案 XC1-5 估算书包括电网检修工程总估算表、设备检修单位工程表、其他费用估算表，分别见表 22-28～表 22-30。

表 22-28　　　　典型方案 XC1-5 电网检修工程总估算表　　　　金额单位：万元

序号	工程或费用名称	含税金额	占合计总费用的比例（%）	不含税金额	可抵扣增值税金额
一	建筑修缮费				
二	设备检修费	0.376	86.440	0.342	0.034
三	配件购置费				
	其中：编制基准期价差	0.007	1.610	0.007	
四	小计	0.376	86.440	0.342	0.034
五	其他费用	0.059	13.560	0.056	0.003
六	基本预备费				
七	工程总费用合计	0.435	100	0.398	0.037
	其中：可抵扣增值税金额	0.037			0.037
	其中：施工费	0.288	66.210	0.264	0.024

表 22-29　　　　典型方案 XC1-5 设备检修单位工程表　　　　金额单位：元

序号	工程或费用名称	设备检修费		配件购置费	合计
		检修费	未计价材料费		
	设备检修工程	2877	888		3675

续表

序号	工程或费用名称	设备检修费		配件购置费	合计
		检修费	未计价材料费		
	电缆线路设备检修工程	2877	888		3675
一	陆上电缆线路设备检修工程	2877	888		3675
6	电缆防火	2877	888		3675
	合计	2877	888		8522

表 22-30　　　　　　　　　　典型方案 XC1-5 其他费用估算表　　　　　　　金额单位：元

序号	工程或费用项目名称	编制依据及计算说明	合价
2	项目管理费		176
2.1	管理经费	（建筑修缮费+设备检修费）×0.750%	28
2.2	招标费	（建筑修缮费+设备检修费）×0.840%	32
2.3	工程监理费	（建筑修缮费+设备检修费）×3.080%	116
3	项目技术服务费		410
3.1	前期工作费		42
3.1.2	电缆工程前期工作费	（电缆建筑修缮费+电缆设备检修费）×1.120%	42
3.2	工程勘察设计费		284
3.2.2	设计费	设计费×100%	284
3.3	设计文件评审费		73
3.3.1	初步设计文件评审费	基本设计费×3.500%	35
3.3.2	施工图文件评审费	基本设计费×3.800%	38
3.4	结算文件审核费	变电：（建筑修缮费+设备检修费）×0.440%； 线路：（建筑修缮费+设备检修费）×0.290%	11
	合计		586

22.5.4　典型方案电气设备材料表

典型方案 XC1-5 电气设备材料表见表 22-31。

表 22-31　　　　　　　　　　典型方案 XC1-5 电气设备材料表

序号	材料名称	规格及型号	单位	设计数量
	设备检修			
甲	防火涂料		kg	0.031
甲	防火堵料		kg	0.011

续表

序号	材料名称	规格及型号	单位	设计数量
甲	防火隔板		m²	10
甲	防火包带		个	6

22.5.5 典型方案工程量表

典型方案 XC1–5 工程量见表 22–32。

表 22–32　　　　　典型方案 XC1–5 工程量表

序号	项目名称	单位	数量	备注
	设备检修工程			
	电缆线路设备检修工程			
	陆上电缆线路设备检修工程			
	电缆防火			
XYD7–117	电缆防火设施检修　防火墙	m²	1	
XYD7–115	电缆防火设施检修　防火涂料	t	0.03	
XYD7–114	电缆防火设施检修　防火堵料	t	0.01	
XYD7–113	电缆防火设施检修　防火隔板	m²	10	
XYD7–116	电缆防火设施检修　防火带	100m	0.01	
JYX1–22	人力运输　其他建筑安装材料	t·km	0.005	
JYX1–107	汽车运输　其他建筑安装材料　装卸	t	0.027	
JYX1–108	汽车运输　其他建筑安装材料　运输	t·km	0.547	

第 23 章 杆塔检修

> **典型方案说明**
>
> 杆塔检修典型方案共 3 个，包括直线杆附件更换、耐张杆附件更换和拉线检修。

23.1 XC2-1 直线杆附件更换

23.1.1 典型方案主要内容

本典型方案检修 1 基电杆附件；更换杆上横担、金具、铁附件及绝缘子，更换杆塔附属设施，导线接头连接；导线金具等运输。

23.1.2 典型方案主要技术条件

典型方案 XC2-1 主要技术条件见表 23-1。

表 23-1 典型方案 XC2-1 主要技术条件

方案名称	工程主要技术条件	
直线杆附件更换	额定电压（kV）	10
	规格型号	锥形水泥杆，非预应力，整根杆，12m，190mm，杆上附件
	地质条件	100%普通土
	地形	100%平地
	运距	人力 0.2km，汽车 20km

23.1.3 典型方案估算书

估算投资为总投资，编制依据按第 21 章要求。典型方案 XC1-1 估算书包括电网检修工程总估算表、设备检修专业汇总表、其他费用估算表，分别见表 23-2～表 23-4。

表 23-2 典型方案 XC2-1 电网检修工程总估算表 金额单位：万元

序号	工程或费用名称	含税金额	占合计总费用的比例（%）	不含税金额	可抵扣增值税金额
一	建筑修缮费				
二	设备检修费	0.176	73.95	0.16	0.016
三	配件购置费				
	其中：编制基准期价差	0.006	2.52	0.006	
四	小计	0.176	73.95	0.16	0.016
五	其他费用	0.062	26.05	0.058	0.004

序号	工程或费用名称	含税金额	占合计总费用的比例（%）	不含税金额	可抵扣增值税金额
六	基本预备费				
七	工程总费用合计	0.238	100	0.218	0.02
	其中：可抵扣增值税金额	0.02			0.02
	其中：施工费	0.134	56.3	0.123	0.011

表23-3　　　　　　　　典型方案XC2-1设备检修专业汇总表　　　　　　　金额单位：元

序号	工程或费用名称	设备检修费		配件购置费
		检修费	未计价材料费	
	设备检修工程	1335	428	
	架空输电线路设备检修工程	1335	428	
一	架空线路本体工程	1335	428	
3	杆塔工程	1335	428	
3.1	杆塔工程材料工地运输	1176		
3.2	杆塔组立	159	428	
	合计	1335	428	

表23-4　　　　　　　　典型方案XC2-1其他费用估算表　　　　　　　金额单位：元

序号	工程或费用项目名称	编制依据及计算说明	合价
2	项目管理费		82
2.1	管理经费		13
2.1.3	架空工程管理经费	架空设备检修费×0.75%	13
2.2	招标费	（建筑修缮费+设备检修费）×0.84%	15
2.3	工程监理费	（建筑修缮费+设备检修费）×3.08%	54
3	项目技术服务费		542
3.1	前期工作费		20
3.1.3	架空工程前期工作费	架空设备检修费×1.12%	20
3.2	工程勘察设计费		133
3.2.2	设计费	设计费×100%	133
3.3	设计文件评审费		73
3.3.1	初步设计文件评审费	基本设计费×3.5%	35
3.3.2	施工图文件评审费	基本设计费×3.8%	38
3.4	结算文件审核费	变电：（建筑修缮费+设备检修费）×0.44%； 线路：（建筑修缮费+设备检修费）×0.29%	316
	合计		624

23.1.4 典型方案电气设备材料表

典型方案 XC2-1 电气设备材料表见表 23-5。

表 23-5　　　　　　典型方案 XC2-1 电气设备材料表

序号	材料名称	规格及型号	单位	设计数量
	设备检修			
500014805	布电线	BV，铜，2.5，1	m	6
500122534	线路柱式瓷绝缘子	R5ET105L，125，283，360	只	3
500118948	耐张横担	HD2-15/8088（D205）	t	0.015
500118948	成套件，半圆抱箍，$\phi18$，D200，U 型。U18-200，$R=100$mm，$L=667$mm，螺母4个，平垫2个，弹垫2个		t	0.002
500118948	直线单顶抱箍	D200	t	0.011

23.1.5 典型方案工程量表

典型方案 XC2-1 工程量见表 23-6。

表 23-6　　　　　　典型方案 XC2-1 工程量表

序号	项目名称	单位	数量	备注
	设备检修工程			
	架空输电线路设备检修工程			
一	架空线路本体工程			
3	杆塔工程			
3.1	杆塔工程材料工地运输			
JYX1-19	人力运输　金具、绝缘子、零星钢材	t·km	1.311	
JYX1-105	汽车运输　金具、绝缘子、零星钢材　装卸	t	6.556	
JYX1-106	汽车运输　金具、绝缘子、零星钢材　运输	t·km	131.117	
3.2	杆塔组立			
调 XYX5-2 $R\times1.6 J\times1.6$	悬垂绝缘子串更换　10kV 单串	串	3	
XYX2-22	混凝土杆横担更换　单杆 10kV 单横担	组	1	

23.2　XC2-2 耐张杆附件更换

23.2.1 典型方案主要内容

本典型方案检修 1 基电杆附件；更换杆上横担、金具、铁附件及绝缘子，更换杆塔附属设施，导线接头连接；导线金具等运输。

23.2.2 典型方案主要技术条件

典型方案 XC2-2 主要技术条件见表 23-7。

表 23-7 典型方案 XC2-2 主要技术条件

方案名称	工程主要技术条件	
耐张杆附件更换	额定电压（kV）	10
	规格型号	锥形水泥杆，非预应力，整根杆，12m，190mm，杆上附件
	地质条件	100%普通土
	地形	100%平地
	运距	人力 0.2km，汽车 20km

23.2.3 典型方案估算书

估算投资为总投资，编制依据按第 21 章要求。典型方案 XC1-2 估算书包括电网检修工程总估算表、设备检修专业汇总表、其他费用估算表，分别见表 23-8～表 23-10。

表 23-8 典型方案 XC2-2 电网检修工程总估算表　　　　　　　金额单位：万元

序号	工程或费用名称	含税金额	占合计总费用的比例（%）	不含税金额	可抵扣增值税金额
一	建筑修缮费				
二	设备检修费	0.584	83.31	0.529	0.055
三	配件购置费				
	其中：编制基准期价差	0.016	2.28	0.016	
四	小计	0.584	83.31	0.529	0.055
五	其他费用	0.117	16.69	0.11	0.007
六	基本预备费				
七	工程总费用合计	0.701	100	0.639	0.062
	其中：可抵扣增值税金额	0.062			0.062
	其中：施工费	0.368	52.5	0.338	0.03

表 23-9 典型方案 XC2-2 设备检修专业汇总表　　　　　　　　金额单位：元

序号	工程或费用名称	设备检修费		配件购置费
		检修费	未计价材料费	
	设备检修工程	3679	2160	
	架空输电线路设备检修工程	3679	2160	
一	架空线路本体工程	3679	2160	

续表

序号	工程或费用名称	设备检修费		配件购置费
		检修费	未计价材料费	
3	杆塔工程	3679	2160	
3.1	杆塔工程材料工地运输	420		
3.2	杆塔组立	3260	2160	
	合计	3679	2160	

表 23-10　　　　　　　　　　典型方案 XC2-2 其他费用估算表　　　　　　　　　金额单位：元

序号	工程或费用项目名称	编制依据及计算说明	合价
2	项目管理费		273
2.1	管理经费		44
2.1.3	架空工程管理经费	架空设备检修费×0.75%	44
2.2	招标费	（建筑修缮费＋设备检修费）×0.84%	49
2.3	工程监理费	（建筑修缮费＋设备检修费）×3.08%	180
3	项目技术服务费		895
3.1	前期工作费		65
3.1.3	架空工程前期工作费	架空设备检修费×1.12%	65
3.2	工程勘察设计费		441
3.2.2	设计费	设计费×100%	441
3.3	设计文件评审费		73
3.3.1	初步设计文件评审费	基本设计费×3.5%	35
3.3.2	施工图文件评审费	基本设计费×3.8%	38
3.4	结算文件审核费	变电：（建筑修缮费＋设备检修费）×0.44%； 线路：（建筑修缮费＋设备检修费）×0.29%	316
	合计		1168

23.2.4　典型方案电气设备材料表

典型方案 XC2-2 电气设备材料表见表 23-11。

表 23-11　　　　　　　　　　典型方案 XC2-2 电气设备材料表

序号	材料名称	规格及型号	单位	设计数量
	设备检修			
500014805	布电线	BV，铜，2.5，1	m	2
500020353	联结金具-球头挂环	QP-7	只	6

续表

序号	材料名称	规格及型号	单位	设计数量
500020399	联结金具-直角挂板	Z-7	只	6
500020544	接续金具-跳线线夹	JYT-150/20	付	3
500058163	接续金具-接地线夹	JDL-50-240	付	3
500110151	联结金具-碗头挂板	W-7	只	6
500116694	绝缘护罩，导线软质遮蔽罩		只	3
500129321	耐张线夹-楔型绝缘	NXJG-3	付	6
500122534	线路柱式瓷绝缘子	R5ET105L，125，283，360	只	1
500122792	交流盘形悬式瓷绝缘子	U70B/146，255，320	片	12
500118948	耐张横担	HD2-15/8088（D205）	t	0.046
500118948	耐张顶架	D190	t	0.008
500118948	单回中相抱箍	LB-200	t	0.016

23.2.5 典型方案工程量表

典型方案 XC2-2 工程量见表 23-12。

表 23-12　　　　　　　典型方案 XC2-2 工程量表

序号	项目名称	单位	数量	备注
	架空输电线路设备检修工程			
一	架空线路本体工程			
3	杆塔工程			
3.1	杆塔工程材料工地运输			
JYX1-19	人力运输　金具、绝缘子、零星钢材	t·km	0.468	
JYX1-105	汽车运输　金具、绝缘子、零星钢材　装卸	t	2.339	
JYX1-106	汽车运输　金具、绝缘子、零星钢材　运输	t·km	46.773	
3.2	杆塔组立			
XYX6-23	绝缘护罩更换　10kV	个	3	
调 XYX5-2 R×1.6 J×1.6	悬垂绝缘子串更换　10kV 单串	串	1	
调 XYX5-57 R×1.6 J×1.6	耐张绝缘子串更换　10kV	组	12	
XYX2-22	混凝土杆横担更换　单杆 10kV 单横担	组	1	

23.3 XC2-3 拉线检修

23.3.1 典型方案主要内容

本典型方案更换拉线 GJ-100 1 组，拆除旧拉线、制作安装拉线及相关金具。

23.3.2 典型方案主要技术条件

典型方案 XC2-3 主要技术条件见表 23-13。

表 23-13　　　　　　　典型方案 XC2-3 主要技术条件

方案名称	工程主要技术条件	
拉线检修	额定电压（kV）	10
	规格型号	钢绞线，1×19-13.0-1370-B，100，镀锌
	地质条件	100%普通土
	地形	100%平地
	运距	人力 0.2km，汽车 20km

23.3.3 典型方案估算书

估算投资为总投资，编制依据按第 21 章要求。典型方案 XC1-3 估算书包括电网检修工程总估算表、设备检修专业汇总表、其他费用估算表，分别见表 23-14～表 23-16。

表 23-14　　　　典型方案 XC2-3 电网检修工程总估算表　　　　金额单位：万元

序号	工程或费用名称	含税金额	占合计总费用的比例（%）	不含税金额	可抵扣增值税金额
一	建筑修缮费				
二	设备检修费	0.172	73.5	0.155	0.017
三	配件购置费				
	其中：编制基准期价差	0.004	1.71	0.004	
四	小计	0.172	73.5	0.155	0.017
五	其他费用	0.062	26.5	0.058	0.004
六	基本预备费				
七	工程总费用合计	0.234	100	0.213	0.021
	其中：可抵扣增值税金额	0.021			0.021
	其中：施工费	0.102	43.59	0.094	0.008

表 23-15　　　　　典型方案 XC2-3 设备检修专业汇总表　　　　　金额单位：元

序号	工程或费用名称	设备检修费		配件购置费
		检修费	未计价材料费	
	设备检修工程	990	734	
	架空输电线路设备检修工程	990	734	
一	架空线路本体工程	990	734	
3	杆塔工程	990	734	
3.1	杆塔工程材料工地运输	46		
3.2	杆塔组立	944	734	
	合计	990	734	

表 23-16　　　　　典型方案 XC2-3 其他费用估算表　　　　　金额单位：元

序号	工程或费用项目名称	编制依据及计算说明	合价
1	检修场地租用及清理费		4
1.2	余物清理费	余物清理费×100%	4
2	项目管理费		81
2.1	管理经费		13
2.1.3	架空工程管理经费	架空设备检修费×0.75%	13
2.2	招标费	（建筑修缮费+设备检修费）×0.84%	14
2.3	工程监理费	（建筑修缮费+设备检修费）×3.08%	53
3	项目技术服务费		538
3.1	前期工作费		19
3.1.3	架空工程前期工作费	架空设备检修费×1.12%	19
3.2	工程勘察设计费		130
3.2.2	设计费	设计费×100%	130
3.3	设计文件评审费		73
3.3.1	初步设计文件评审费	基本设计费×3.5%	35
3.3.2	施工图文件评审费	基本设计费×3.8%	38
3.4	结算文件审核费	变电：（建筑修缮费+设备检修费）×0.44%； 线路：（建筑修缮费+设备检修费）×0.29%	316
	合计		623

23.3.4　典型方案电气设备材料表

典型方案 XC2-3 电气设备材料表见表 23-17。

表 23-17 典型方案 XC2-3 电气设备材料表

序号	材料名称	规格及型号	单位	设计数量
	设备检修			
500017322	拉紧绝缘子	JH10-90	只	1
500020418	联结金具—平行挂板	PD-12	只	1
500020399	拉线金具—UT 型线夹	NUT-2	付	1
500027409	水泥制品，拉盘	400×800×200	块	1
500028065	联结金具—U 型挂环	UL-21	只	1
500029689	拉线金具—楔型线夹	NX-2	付	1
500065936	钢绞线	1×19-13.0-1370-B，100，镀锌	t	0.015
500118948	单回中相抱箍	LB-200	t	0.008

23.3.5 典型方案工程量表

典型方案 XC2-3 工程量见表 23-18。

表 23-18 典型方案 XC2-3 工程量表

序号	项目名称	单位	数量	备注
	架空输电线路设备检修工程			
一	架空线路本体工程			
3	杆塔工程			
3.1	杆塔工程材料工地运输			
JYX1-7	人力运输 混凝土预制品 每件重（kg）300 以内	t·km	0.038	
JYX1-13	人力运输 线材 每件重（kg）700 以内	t·km	0.003	
JYX1-19	人力运输 金具、绝缘子、零星钢材	t·km	0.006	
JYX1-71	汽车运输 混凝土预制品 每件重 300kg 以内 装卸	t	0.191	
JYX1-72	汽车运输 混凝土预制品 每件重 300kg 以内 运输	t·km	3.819	
JYX1-83	汽车运输 线材 每件重 700kg 以内 装卸	t	0.016	
JYX1-84	汽车运输 线材 每件重 700kg 以内 运输	t·km	0.318	
JYX1-105	汽车运输 金具、绝缘子、零星钢材 装卸	t	0.031	
JYX1-106	汽车运输 金具、绝缘子、零星钢材 运输	t·km	0.627	
3.2	杆塔组立			

序号	项目名称	单位	数量	备注
XYX2－46	拉线更换　拉线截面（mm^2）150以上	根	1	
XYX2－47	拉线更换　拉线警示防护套、拉线防盗螺帽安装	根	1	
7	拆除项目			
CYX2－36	拉线拆除	根	1	

第六篇 使 用 说 明

第 24 章 典型造价使用说明

24.1 典型方案应用范围

本册典型方案主要应用于电网设备大修项目估（概）算编制与审核工作，指导编制单位编制电网设备大修项目估（概）算，审核单位对比审核实际工程费用，分析费用差异原因。

24.2 典型方案应用方法

第一步：分析实际工程的主要技术条件和工程参数。

第二步：根据实际工程的主要技术条件和工程参数，从典型方案库中选择对应方案；若典型方案库中无实际工程的技术条件，则采用类似技术条件的典型方案。

第三步：按照实际工程的工程参数，选择单个方案或多个方案进行拼接。

（1）更换单一构件。

1）选择方案：选取单个方案，并根据实际工程的情况，乘以构件数量，实现工程量累加，得到拟编制工程的工程量。

2）取费及价格水平调整：按照当地取费要求、材机调价水平要求对方案进行调整。

3）工程量调整：根据实际工程与典型方案的差异，对工程量和物料进行调整，得出本体费用。

4）其他费用调整：根据实际工程所在区域调整典型方案中可调整的其他费用项，《预规》中规定的其他费用项计算标准不变，依此标准重新计算实际工程的其他费用。

（2）更换组合构件。

1）选择方案：选取多个方案，并根据实际工程的情况，每个方案乘以对应的构件数量，然后将各方案的工程量进行累加，拼接后得到拟编制工程的工程量。

2）取费及价格水平调整：按照当地取费要求、材机调价水平要求对方案进行调整。

3）工程量调整：根据实际工程与典型方案的差异，对工程量和物料进行调整，得出本体费用。

4）其他费用调整：根据实际工程所在区域调整典型方案中可调整的其他费用项，《预规》中规定的其他费用项计算标准不变，依此标准重新计算实际工程的其他费用。

第四步：得到实际工程造价，并得出实际工程与典型方案的差异。

附录 A 建筑、安装、拆除工程取费基数及费率一览表

20kV 及以下配电站建筑、安装、拆除工程费取费基数及费率一览表见表 A1。

表 A1　　20kV 及以下配电站建筑、安装、拆除工程费取费基数及费率一览表

项目名称			取费基数	费率（%）			
				建筑工程	安装工程	建筑拆除	安装拆除
直接费	措施费	冬雨季施工增加费	人工费	2.456	3.168	2.052	1.278
		夜间施工增加费		0.378	1.372	—	—
		施工工具用具使用费		1.434	1.896	3.857	1.449
		临时设施费		7.020	4.470	8.202	4.218
		施工机构转移费		0.732	2.322	1.379	2.695
		安全文明施工费		8.309	5.474	7.704	5.490
间接费	规费	社会保险费		28.300	28.300	28.300	28.300
		住房公积金		12	12	12	12
	企业管理费			21.780	17.610	24	16.710
利润				10.451	5.432	6.097	4.963
编制基准期价差			人工价差	4.750	4.970	4.750	4.970
			材机价差	5.720	5.720	6.960	6.960
增值税			直接费+间接费+利润+编制基准期价差	9	9	9	9

注　"夜间施工增加费"设备安装工程可按工程实际计取。

20kV 及以下架空线路安装、拆除工程费取费基数及费率一览表见表 A2。

表 A2　　20kV 及以下架空线路安装、拆除工程费取费基数及费率一览表

项目名称			取费基数	费率（%）	
				安装工程	拆除工程
直接费	措施费	冬雨季施工增加费	人工费+机械费	2.808	1.296
		施工工具用具使用费		1.836	0.455
		临时设施费		5.106	2.502
		施工机构转移费		0.858	0.903
		安全文明施工费		6.531	2.982

续表

项目名称			取费基数	费率（%）	
				安装工程	拆除工程
间接费	规费	社会保险费	人工费	28.300	28.300
		住房公积金		12	12
	企业管理费		人工费+机械费	15.414	10.278
利润				6.916	3.668
编制基准期价差			人工价差	4.970	4.970
			材机价差	8.130	8.390
增值税			直接费+间接费+利润+编制基准期价差	9	9

20kV 及以下电缆线路建筑、安装、拆除工程费取费基数及费率一览表见表 A3。

表 A3　20kV 及以下电缆线路建筑、安装、拆除工程费取费基数及费率一览表

项目名称			取费基数	费率（%）	
				安装工程	拆除工程
直接费	措施费	冬雨季施工增加费	人工费+机械费	2.408	0.936
		夜间施工增加费		0.728	—
		施工工具用具使用费		1.278	0.826
		临时设施费		4.944	2.904
		施工机构转移费		0.582	0.476
		安全文明施工费		4.879	2.436
间接费	规费	社会保险费	人工费	28.300	28.300
		住房公积金		12	12
	企业管理费		人工费+机械费	13.308	13.620
利润				5.761	2.828
编制基准期价差			人工价差	4.970	4.970
			材机价差	8.440	7.760
增值税			直接费+间接费+利润+编制基准期价差	9	9

注　"夜间施工增加费"设备安装工程可按工程实际计取。

20kV 及以下通信线路安装、拆除工程费取费基数及费率一览表见表 A4。

表 A4　　20kV 及以下通信线路安装、拆除工程费取费基数及费率一览表

项目名称			取费基数	费率（%）	
				安装工程	拆除工程
直接费	措施费	冬雨季施工增加费	人工费+机械费	1.992	0.558
		施工工具用具使用费		1.470	0.238
		临时设施费		3.696	1.164
		施工机构转移费		0.450	0.336
		安全文明施工费		4.305	1.410
间接费	规费	社会保险费	人工费	28.300	28.300
		住房公积金		12	12
	企业管理费		人工费+机械费	12.030	8.172
利润				5.117	1.785
编制基准期价差			人工价差	4.970	4.970
			材机价差	4.510	6.320
增值税			直接费+间接费+利润+编制基准期价差	9	9

附录 B 配电（技改）专业其他费用取费基数及费率一览表

配电（技改）专业其他费用取费基数及费率一览表见表 B1。

表 B1　　　　　　配电（技改）专业其他费用取费基数及费率一览表

序号	工程或费用名称	取费基数、计算方法或依据	费率（%）	备注
1	建设场地征用及清理费			
1.1	土地征用费			未计列
1.2	施工场地租用费			未计列
1.3	迁移补偿费			未计列
1.4	杂物清理费			未计列
1.5	输电线路走廊清理费			未计列
1.6	线路跨越补偿及措施费			未计列
1.7	水土保持补偿费			未计列
2	项目管理费			
2.1	管理经费	建筑工程费+安装工程费+拆除工程费	3.530	
2.2	招标费	建筑工程费+安装工程费+拆除工程费	1.267	
2.3	工程监理费	建筑工程费+安装工程费+拆除工程费	3.087	
2.4	工程保险费	按《预规》规定计列		
3	项目技术服务费			
3.1	前期工作费	建筑工程费+安装工程费	2.135	
3.2	知识产权转让及研究试验费	按《预规》规定计列		
3.3	工程勘察设计费			
3.3.1	勘察费			不计列
3.3.2	设计费	按《预规》规定计列		
3.4	设计文件评审费			
3.4.1	初步设计文件评审费	基本设计费	3.500	
3.4.2	施工图文件评审费	基本设计费	3.800	
3.5	施工过程造价咨询及竣工结算审核费	建筑工程费+安装工程费+拆除工程费	变电：（建筑工程费+安装工程费+拆除工程费）×0.530%；线路：（建筑工程费+安装工程费+拆除工程费）×0.380%	

续表

序号	工程或费用名称	取费基数、计算方法或依据	费率（%）	备注
3.6	项目后评价费	建筑工程费+安装工程费+拆除工程费		不计列
3.7	工程检测费			不计列
3.8	设备改造服务费			不计列
3.9	技术经济标准编制费	建筑工程费+安装工程费+拆除工程费		不计列

注 "招标费、设计文件评审费、施工过程造价咨询及竣工结算审核费"可按工程实际计取。

附录C 建筑、检修工程取费基数及费率一览表

20kV及以下架空线路检修工程费取费基数及费率一览表见表C1。

表C1　　20kV及以下架空线路检修工程费取费基数及费率一览表

项目名称			取费基数	费率（%）	
				设备检修工程	拆除工程
直接费	措施费	冬雨季施工增加费	人工费+机械费	1.869	1.296
		施工工具用具使用费		1.128	0.455
		临时设施费		5.159	—
		施工机构转移费		—	—
		安全文明施工费		4.277	2.982
间接费	规费	社会保险费	人工费	28.300	28.300
		住房公积金		12	12
	企业管理费		人工费+机械费	12.345	10.278
利润				2.464	3.668
编制基准期价差			人工价差	100	100
			材机价差	100	100
增值税			直接费+间接费+利润+编制基准期价差	9	9

20kV及以下电缆线路检修工程费取费基数及费率一览表见表C2。

表C2　　20kV及以下电缆线路检修工程费取费基数及费率一览表

项目名称			取费基数	费率（%）	
				设备检修工程	拆除工程
直接费	措施费	冬雨季施工增加费	人工费+机械费	4.011	0.936
		夜间施工增加费		2.504	—
		施工工具用具使用费		3.318	0.826
		临时设施费		13.433	—
		施工机构转移费		—	—
		安全文明施工费		11.676	2.436

续表

项目名称			取费基数	费率（%）	
				设备检修工程	拆除工程
间接费	规费	社会保险费	人工费	28.300	28.300
		住房公积金		12	12
	企业管理费		人工费+机械费	23.745	13.620
利润				7.707	2.828
编制基准期价差			人工价差	100	100
			材机价差	100	100
增值税			直接费+间接费+利润+编制基准期价差	9	9

注　"夜间施工增加费"设备检修工程可按工程实际计取。

附录 D 配电（检修）专业其他费用取费基数及费率一览表

配电（检修）专业其他费用取费基数及费率一览表见表 D1。

表 D1   配电（检修）专业其他费用取费基数及费率一览表

序号	工程或费用名称	取费基数、计算方法或依据	费率（%）	备注
1	检修场地租用及清理费			
1.1	土地租用费			未计列
1.2	余物清理费			未计列
1.3	输电线路走廊清理费			未计列
1.4	线路跨越补偿费			未计列
1.5	水土保持补偿费			未计列
2	项目管理费			
2.1	管理经费	建筑修缮费+设备检修费	0.750	
2.2	招标费	建筑修缮费+设备检修费	0.840	
2.3	工程监理费	建筑修缮费+设备检修费	3.080	
2.4	工程保险费	按《预规》规定计列		
3	项目技术服务费			
3.1	前期工作费	建筑修缮费+设备检修费	1.120	
3.2	工程勘察设计费			
3.2.1	勘察费			不计列
3.2.2	设计费	按《预规》规定计列		
3.3	设计文件评审费			
3.3.1	初步设计文件评审费	基本设计费	3.500	
3.3.2	施工图文件评审费	基本设计费	3.800	
3.4	结算文件审核费		变电：（建筑修缮费+设备检修费）×0.440%；线路：（建筑修缮费+设备检修费）×0.290%	

续表

序号	工程或费用名称	取费基数、计算方法或依据	费率（%）	备注
3.5	项目后评价费	建筑修缮费+设备检修费		不计列
3.6	工程检测费			不计列
3.7	设备专修费			不计列
3.8	技术经济标准编制费	建筑修缮费+设备检修费		不计列
4	拆除物返库运输费			不计列

注　"招标费、设计文件评审费、结算文件审核费"可按工程实际计取。

附录 E 配电专业建筑材料价格一览表

配电专业建筑材料价格一览表见表 E1。

表 E1　　　　　　　　配电专业建筑材料价格一览表　　　　　　金额单位：元

序号	编号	材料名称	单位	市场价不含税	市场价含税	价格来源
一		混凝土				
1	C09010102	普通硅酸盐水泥 42.5	t	477.880	540	《北京工程造价信息》（月刊（总第266期））
2	SP1005	商品混凝土 C30	m³	466	480	
3	SP1002	商品混凝土 C15	m³	417.500	430	
4	SP1003	商品混凝土 C20	m³	436.900	450	
二		其他				
1	C10010101	中砂	m³	477.880	540	《北京工程造价信息》（月刊（总第266期））
2	C21010101	水	t	466	480	
3		透水砖	m²	417.500	430	
4	C10020101	碎石	m³	436.900	450	
5	ZC0901004	钢筋	kg	4.062	4.59	
6	ZC0901002	角钢 ∠75×50×5	kg	3.956	4.47	
7	ZC0701006	电缆保护管 mpp，φ175	m	54.300	61.440	
8	ZC0701008	电缆保护管 mpp，φ100	m	8.740	9	
9		管枕	个	20	22.600	
10		警示带	m	5	5.650	

参 考 文 献

[1] 国家能源局. 电网技术改造工程预算编制与计算规定（2020年版）[M]. 北京：中国电力出版社，2021.

[2] 国家能源局. 电网检修工程预算编制与计算规定（2020年版）[M]. 北京：中国电力出版社，2021.

[3] 国家能源局. 电网技术改造工程概算定额（2020年版）[M]. 北京：中国电力出版社，2021.

[4] 国家能源局. 电网技术改造工程预算定额（2020年版）[M]. 北京：中国电力出版社，2021.

[5] 国家能源局. 电网检修工程预算定额（2020年版）[M]. 北京：中国电力出版社，2021.

[6] 国家能源局. 电网拆除工程预算定额（2020年版）[M]. 北京：中国电力出版社，2021.

[7] 中国电力企业联合会. 电力建设工程装置性材料综合预算价格（2018年版）[M]. 北京：中国电力出版社，2020.

[8] 北京市建设工程造价管理总站. 北京工程造价信息（月刊[第266期]）[G]. 北京：北京市住房和城乡建设委员会，2022.

[9] 国家电网有限公司电力建设定额站. 2022年第三季度电网工程设备材料信息价（总41期）[S]. 北京：国家电网有限公司，2022.

[10] 电力工程造价与定额管理总站. 电力工程造价与定额管理总站关于发布2020版电网技术改造及检修工程概预算定额2022年上半年价格水平调整系数的通知（定额〔2022〕21号）[S]. 北京：电力工程造价与定额管理总站，2022.

[11] 国家电网公司. 国家电网公司配电网工程典型设计（2016年版）[M]. 北京：中国电力出版社，2016.

[12] 国家能源局. 电网技术改造工程工程量清单计价规范：DL/T 5767—2018［S］. 北京：中国电力出版社，2018.

[13] 国家能源局. 20kV及以下配电网工程工程量清单计价规范：DL/T 5765—2018［S］. 北京：中国电力出版社，2018.

国家电网有限公司
STATE GRID
CORPORATION OF CHINA

电网生产技术改造与设备大修项目典型造价汇编（2023 年版）　输电技改分册
电网生产技术改造与设备大修项目典型造价汇编（2023 年版）　输电检修分册
电网生产技术改造与设备大修项目典型造价汇编（2023 年版）　变电技改分册
电网生产技术改造与设备大修项目典型造价汇编（2023 年版）　变电检修分册
电网生产技术改造与设备大修项目典型造价汇编（2023 年版）　配电技改检修分册
电网生产技术改造与设备大修项目典型造价汇编（2023 年版）　通信/继电保护/自动化技改检修分册

中国电力出版社官方微信
中国电力百科网网址

ISBN 978-7-5198-8525-0

定价：56.00元

上架建议：电力工程